Gilberto Dimenstein

O mistério das bolas de gude

Histórias de humanos quase invisíveis

PAPIRUS

Ilustração: Ruy Ohtake
Direção de arte: Casa Redonda/Minom Pinho
Coordenação: Beatriz Marchesini
Diagramação: DPG Editora
Copidesque: Mônica S. Martins
Revisão: Ana Carolina Freitas,
Aurea Guedes de Tullio Vasconcelos e
Solange F. Penteado

Dados Internacionais de Catalogação na Publicação (CIP)
(Câmara Brasileira do Livro, SP, Brasil)

Dimenstein, Gilberto
  O mistério das bolas de gude: Histórias de humanos quase invisíveis/Gilberto Dimenstein. – 4ª ed. – Campinas, SP: Papirus, 2013.

ISBN 978-85-308-0796-2

1. Cidadania 2. Educação 3. Problemas sociais 4. Repórteres e reportagens 5. Viagens – Narrativas pessoais 6. Violência – Aspectos sociais I. Título.

13-12103   CDD-070.4493036

Índices para catálogo sistemático:
1. Reportagens: Violência: Jornalismo 070.4493036
2. Violência: Reportagens: Jornalismo 070.4493036

O Projeto Pedagógico deste livro encontra-se disponível para *download* em www.papirus.com.br

---

Exceto no caso de citações, a grafia deste livro está atualizada segundo o Acordo Ortográfico da Língua Portuguesa adotado no Brasil a partir de 2009.

2ª Reimpressão
2014

Proibida a reprodução total ou parcial da obra de acordo com a lei 9.610/98.
Editora afiliada à Associação Brasileira dos Direitos Reprográficos (ABDR).

DIREITOS RESERVADOS PARA A LÍNGUA PORTUGUESA:
© M.R. Cornacchia Livraria e Editora Ltda. – Papirus Editora
R. Dr. Gabriel Penteado, 253 – CEP 13041-305 – Vila João Jorge
Fone/fax: (19) 3790-1300 – Campinas – São Paulo – Brasil
E-mail: editora@papirus.com.br – www.papirus.com.br

Agradeço a Otavio Frias Filho, que sempre me apoiou para a realização das reportagens que deram origem a este livro.

Minhas trilhas

Quando comecei a investigar a violência contra crianças e adolescentes, eu vivia em Brasília, cercado de autoridades e celebridades, e não fazia a menor ideia de que estava recebendo as primeiras lições de invisibilidade humana.

Nos últimos 16 anos, escrevi sobre viciados em *crack*, alcoólatras, traficantes, aidéticos, mães precoces, adolescentes esquecidos na prisão, chefes de gangues e suas vítimas, garotas escravizadas para serviços sexuais, prostitutas e meninos de rua. Mais do que anônimos entre os milhões de habitantes de uma cidade, eles passam despercebidos em todos os lugares. Não se sentem pertencendo a nada. Nem a si mesmos. Na maioria das vezes, passam despercebidos em suas famílias – isso quando têm uma. Só se tornam visíveis, mesmo que por instantes, na destruição: agridem e matam. Ou se agridem e se matam, numa autodestruição. Minhas primeiras investigações sobre assassinatos de crianças e exploração sexual de meninas, iniciadas em 1989, partiam de Brasília e me levavam às cidades brasileiras mais degradadas.

Em 1995, fui para Nova York e tornei-me acadêmico-visitante da Universidade de Colúmbia (muito mais visitante do que acadêmico, devo confessar), interessado em educação para a cidadania. Assisti a uma cidade se revitalizar, porque, entre outras coisas, seus habitantes enfrentavam a invisibilidade de crianças, jovens e suas famílias. Isso contribuiu para que eles conseguissem reduzir, de maneira surpreendente, os índices de criminalidade. Três anos depois, voltei para São Paulo, que, ao contrário da euforia nova-iorquina, estava em estado de depressão: nunca tanta gente, em toda a sua história, morria assassinada ou era sequestrada, refletindo a crise metropolitana brasileira. Mas se processava, quase clandestinamente, uma resistência, cujos resultados ficariam mais nítidos na virada do século: pela primeira vez no país, seria possível contabilizar uma redução tão expressiva no número de assassinatos. O esforço de retomada resultava, na maioria das vezes, da ação de cidadãos comuns, anônimos, em escolas, favelas, delegacias, centros de saúde, associações de bairro ou de rua, organizações não governamentais. Tal esforço brotava até numa praça em que alguém plantasse uma árvore ou num beco degradado embelezado por um grafiteiro. Não se obedeciam a ordens de comando geral. Não existiam sede, manifesto, partido ou ideologia, mas o instinto de sobrevivência.

É a mais interessante novidade a ser contada neste início de século sobre São Paulo – uma comunidade sitiada, acuada, empreendendo uma guerra de guerrilha contra o medo. Assim como, no final dos anos 1990, a mobilização contra a violência foi uma das mais interessantes novidades a ser contada sobre Nova York. Por isso, neste livro, São Paulo e Nova York, metrópoles marcadas pela diversidade e onde morei nos últimos 11 anos, transformam-se quase numa única cidade.

A resistência paulistana foi o que me levou a fazer uma volta no tempo e a reler e reescrever artigos, reportagens, anotações pessoais, diários de viagem e trechos de livros como *A guerra dos meninos* e *Meninas da noite*, ordenados agora num único texto. Em cenários tão distantes como Recife, Cali (Colômbia), Manaus, Rio, Nova York e São Paulo, ocorriam cenas sublimes – as mais sublimes que testemunhei em meus 30 anos de jornalismo. Além de agredirem ou se agredirem para, de algum jeito, gritar "eu existo", os quase invisíveis às vezes se materializam despertados por um detalhe – uma música, um professor, um quadro, um livro, uma dança, uma poesia, uma fotografia –, estabelecendo uma relação de pertencimento com o mundo. Testemunhei como esse encantamento se disseminava, em igual intensidade, e às vezes com intensidade até maior, em quem, de algum jeito, ajudava-os a se descobrir. Para algumas pessoas, compartilhar é um prazer supremo. Não são movidas nem por heroísmo nem por altruísmo, mas pelo prazer da criação humana – assim como os músicos sentem prazer e encontram a razão de viver em compor, os escritores em escrever, os cineastas em filmar e os escultores em talhar formas. Como ocorre em toda criação, combinam-se dor, sacrifício e beleza.

Embora aqui e ali se encontrem explicações para contextualizar fatos e personagens, não me propus a fazer análises psicológicas ou sociológicas da violência, muito menos a apresentar um manual de soluções comunitárias. Neste misto de investigação jornalística e diário de viagem, quis compartilhar o que vi, ouvi e senti observando a violência da invisibilidade.

P.S.: Convidei o arquiteto Ruy Ohtake para fazer a capa – aliás, esta é a sua primeira experiência no gênero. Ele é um dos personagens que conseguiram lidar com as dores e o encantamento da invisibilidade. Em 2005, fez das fachadas das casas de Heliópolis, a maior favela de São Paulo, um imenso painel de arte. Depois das cores, veio uma biblioteca, trazendo pela primeira vez para aquele local os clássicos da literatura. Por essas e outras, aquela favela viu caírem seus índices de criminalidade.

um

As bolas de gude surgiram, em 2000, na fachada manchada de vazamentos de água e rabiscada por pichadores de um bar cujo nome não aparece em nenhuma placa – um detalhe que nunca preocupou Rosinei Iara Custódio, sua proprietária –, no número 220 da rua Belmiro Braga, na esquina com a Inácio Pereira da Rocha, a uma quadra do cemitério São Paulo, na Vila Madalena.

Na frente do bar, cruzando a rua, amontoavam-se todos os dias entulhos e sacos de lixo trazidos dos restaurantes das redondezas, abertos por mendigos e cachorros. Um terreno público abandonado, de 500 m², coberto de mato, servia de moradia a famílias de sem-teto e de esconderijo para marginais e traficantes. Construído sobre um córrego, saía dali um beco, usado como banheiro de homens e animais, cujas fezes se confundiam com resquícios de drogas. Carreteiros faziam da Belmiro Braga estacionamento e dormitório. Na frente do terreno, grudado a uma fábrica clandestina de roupas, um sobrado se dividia em minúsculas salas, com colchões no chão, separadas por finas paredes de gesso, para prostitutas receberem os clientes.

No verão, as chuvas fortes limpavam a sujeira, mas à custa de enchentes que convertiam todo o entorno, pelo menos duas vezes por ano, num rio; uma criança morreu afogada quando brincava em seu próprio quarto. Entupidas de lixo, as bocas de lobo impediam a vazão das águas e ajudavam as enchentes. Alguns moradores instalavam comportas de aço na frente de suas casas para tentar se proteger, o que nem sempre funcionava. Como adicionavam-se, às comportas, muros e grades contra assaltantes, algumas das casas pareciam fortalezas toscas.

Destoando desse cenário, dezenas de bolas de gude misturadas a pedacinhos de espelho compunham mandalas amarelas sobre o fundo azul brilhante que passou a cobrir as paredes do bar. As bolas de gude, tão cobiçadas pelas crianças e tão fáceis de serem arrancadas, sobrevivem até hoje; só quatro desapareceram, numa intrigante capacidade de resistência.

A 260 passos daquelas mandalas, subindo pela Inácio Pereira da Rocha e dobrando à direita na rua Fradique Coutinho, chega-se à casa de número 915, agora ocupada pela Livraria da Vila. Nela, está afixada uma placa de plástico, quase invisível mesmo aos pedestres, contando que, em 14 de junho de 1970, às 22 h, um homem armado apenas com lanterna, talha de aço e martelo acoplado ao pé de cabra fora preso sob a suspeita de que iria arrombar a casa. Tinha então

92 anos e se chamava Amleto Gino Meneghetti, a maior celebridade do submundo paulistano em todo o século XX.

Imigrante italiano com algumas ideias anarquistas – *o empresário é o ladrão sem pressa*, dizia –, Meneghetti orgulhava-se de não usar a violência (nunca matou ninguém), de sua habilidade em escalar telhados e de empregar critérios socialmente rígidos na escolha de suas vítimas. *Jamais roubei um pobre. Só me interessava tirar dos ricos, e tirar joias, que são bens supérfluos, que só servem para alimentar a sua vaidade.* Sua imagem heroica foi talhada nas fugas espetaculares, que lhe renderam apelidos como Gato dos Telhados, Homem Borracha, Rei dos Ladrões e Pés de Mola. Certa vez, mobilizaram-se quase toda a polícia e os bombeiros para pegá-lo. Em cima de um telhado, triunfante, numa fuga seguida por populares, berrou: *Io sono Meneghetti. Il Cesare. Il Nerone di San Paolo.* Parecia um herói de folhetim, que naquele instante se sentia poderoso como um imperador romano. Entre os imigrantes italianos, dizia-se que ele comprava balas para as crianças com o dinheiro dos furtos.

Ao todo, ficou 35 anos na cadeia, dos quais 18 passou isolado, sozinho, na cela 504 do Carandiru. *Foi punido duramente, maltratado como se fosse um animal*, protestou o jornal *O Estado de S. Paulo*. *Io sono uomo*, berrava Meneghetti, enjaulado, uma das primeiras vítimas do pau de arara utilizado por policiais.

Naquela noite de 14 de junho de 1970, o delegado observava um velho curvado, inofensivo, com jeito de avô, desprovido das habilidades felinas para escalar silenciosamente os telhados e desafiar as autoridades. Altivo, Meneghetti não perdeu o humor: *Não é possível ser um bom ladrão sem ter os ouvidos funcionando direito. Acho que terei de me aposentar.*

Vindo de Santos, Meneghetti chegou à Estação da Luz em 25 junho de 1913 – mesmo mês em que cometeria, 63 anos depois, sua última tentativa de furto. Persistiam os últimos bondes puxados a mula, enquanto se delineavam as feições da metrópole. Porém, seriam necessários muitos anos até surgir o primeiro arranha-céu, cercado de uma desconfiança generalizada sobre sua estabilidade, obrigando seu construtor – Giuseppe Martinelli – a dar o exemplo e morar com a família no edifício. A mudança da província silenciosa para a metrópole se deu naqueles trilhos, que escoavam café e transportavam, a cada ano, dezenas de milhares de imigrantes e migrantes. Eram 450 mil habitantes, 100 mil dos quais italianos, e muito do que era importante ocorria em torno de apenas três ruas, na colina entre os vales dos rios Anhangabaú e Tamanduateí. Cruzando-se o viaduto do Chá, alcançava-se o Teatro Municipal, que trazia óperas da Europa.

Nunca se presenciara no país uma mudança tão veloz: em 1872, a população paulistana era de 31.385 pessoas, uma pequena província só animada pela algazarra dos estudantes da faculdade de direito do Largo de São Francisco. No elegante parque na frente da estação – o primeiro parque da cidade –, fora inaugurada, poucos anos antes de 1913, a luz elétrica, para admiração de todos, acostumados com os lampiões a gás e com as noites escuras. Vizinho ao parque, surgia, com pompa europeia, o bairro dos Campos Elíseos, salpicado de palacetes construídos pelos milionários do café e, depois, da indústria, trazendo a sede do governo estadual. Os palacetes iam subindo por Higienópolis e pela avenida Paulista e descendo pelos Jardins. Os ingleses implementavam o conceito de cidade-jardim: as casas, com muros baixos, eram entremeadas por áreas verdes, integrando o concreto à natureza, numa composição harmônica.

Os pobres se ajuntavam em cortiços insalubres e pequenas casas de vilas operárias, vistos com desconfiança pelos barões do café e pelo emergente empresariado industrial. *Eram frequentes os enfrentamentos de gangues. Italianos do sul odiavam italianos do norte, e ambos não gostavam dos espanhóis,* recorda o médico Drauzio Varella, criado no Brás, onde Meneghetti se divertia nas cantinas de comida toscana. Desde menino decidido a ser médico, Drauzio viveu rodeado de cenas fúnebres, como a perda precoce da mãe e da avó. Em seus caminhos, costumavam desfilar caixões carregando homens, mulheres e crianças. *A penicilina só começou a se disseminar depois da Segunda Guerra Mundial.* Levaria muito tempo até que se espalhasse a vacinação para prevenir doenças.

Ao morrer, pobre e sozinho, seis anos depois de sua "aposentadoria", Meneghetti deixava uma cidade em que os bondes não existiam mais, a profusão de arranha-céus compunha a paisagem monótona quase desprovida de horizontes e, nos subterrâneos, trafegava o metrô – tudo isso sugeria proximidade com o Primeiro Mundo. Na contramão das expectativas, o futuro apenas se insinuava, em 1968, no Esquadrão da Morte, um grupo paramilitar que exterminava marginais e se mesclava no ataque aos opositores do regime militar, então dominando o país. Vivia-se a época batizada de "milagre econômico". Nenhum país crescia tanto nem tão rapidamente – e, no Brasil, nenhuma cidade se desenvolvia como São Paulo. A violência que chamava a atenção era a política. No ano anterior ao de despedida de Meneghetti, morreu, depois de tortura, o jornalista Vladimir Herzog. Ele foi um dos 300 mortos, em todo o país, em 20 anos de regime militar; 300 mortos caberiam em 15 dias de um único mês de assassinatos, apenas na cidade de São Paulo, em 1998, quando foram registrados 6.890 homicídios, uma média de 574 casos mensais.

Estavam nascendo lugares como o Jardim Ângela, que, de um pequeno aglomerado de casas em área de manancial na zona sul, chegaria a ter quase 300 mil habitantes e seria apontado pela Organização das Nações Unidas como a região mais violenta de todo o planeta. Um fiapo populacional numa cidade que chegaria a ter 10 milhões de habitantes, dos quais pelo menos 3 milhões pobres e indigentes, amontoados em barracos ou casas rudimentares em bairros periféricos e favelas. Rapidamente se desenhava uma nova geografia dividida em territórios, como o Jardim Ângela, na qual os indivíduos não se sentiam percebidos nem acolhidos, quase invisíveis até mesmo para suas próprias famílias. Enfrentavam a violência cotidiana da invisibilidade na fila interminável de um precário posto de saúde, na obrigação de deixar filhos pequenos cuidando de filhos ainda menores, na escola com salas superlotadas, nas estatísticas de desemprego ou nas habitações sem esgoto.

Nos territórios da invisibilidade social que se propagava em ritmo acelerado, incubava-se um período de sequestros, assaltos, assassinatos, massacres em massa nos presídios e rebeliões periódicas na Febem. Os cidadãos aprendiam a se esconder atrás dos muros cada vez mais altos, protegidos por milhares de seguranças particulares; câmeras seriam espalhadas pelas ruas, em meio a carros blindados, condomínios fechados e até *bunkers* construídos nas residências. As brigas de gangues do Brás se reduziriam a disputas infantis na memória de Drauzio Varella, quando comparadas ao que ele enfrentaria no Carandiru.

Em 1992, 111 presos, muitos dos quais tratados por Drauzio, foram mortos por policiais, evidenciando o descontrole generalizado da violência, a começar pelo descontrole da polícia. Descontrole manifesto num texto intitulado "Manual de autoproteção do cidadão", com 13 páginas e 192 dicas, distribuído pela polícia. Algumas das recomendações eram: nunca fazer compras sozinho – mas, se a pessoa fosse sozinha, deveria escolher o horário de menor movimento; espalhar dinheiro pelo corpo, dividindo-o em pequenos pacotes. Melhor mesmo, sugeria o manual, seria não andar com dinheiro, preferir cartão de crédito ou cheque.

No caminho das compras, recomendava deixar o vidro do carro levantado, ficar alerta a movimentos externos e manter o carro engatado. Não descuidar se visse alguém, mesmo que bem-vestido. *Lembre-se: nem toda pessoa bem-vestida é de bem.* Não usar joias nem bijuterias. *A verdade é que, hoje em dia, todo cuidado é pouco.* Tais recomendações podiam causar o que os psicólogos chamam de "complexo de casulo".

Temos notado que as pessoas tentam se trancar, evitam a rua e encaram a casa como um refúgio. Mas se sentem inseguras mesmo em suas fortalezas, dizia Jair Jesus Mari, professor de psiquiatria da Universidade Federal Paulista (Unifesp). A violência passava a ser algo intransponível, inevitável, que levava a pessoa a buscar o "casulo". *O problema é que vai gerando um sentimento crônico de isolamento e impotência, ocasionando distúrbios mentais,* complementava Jair.

O manual reforçava a sensação, já enraizada entre os cidadãos, de que o perigo estava em qualquer lugar e hora. Bastava colocar o pé na rua para correr ainda mais perigo; qualquer estranho tornava-se suspeito. *Evite andar a pé, tarde da noite, por ruas e avenidas, principalmente sozinho,* sugeria. Se decidisse correr o risco e suspeitasse de alguém, a dica era: *Atravesse a rua várias vezes para se certificar.* Para os idosos, o rigor devia ser ainda maior. Recomendava-se que não andassem sozinhos por locais desertos ou ruas de comércio movimentadas, mesmo de dia. *Não dê informações sobre seus itinerários, hábitos, viagens, horários. Alerte família e funcionários para agir da mesma forma.* Se a pessoa estivesse num ônibus, deveria evitar dormir. Aliás, o manual aconselhava não esperá-lo só. *Num ônibus com poucos passageiros, sente-se perto do motorista.* Sugeria ainda não andar nos vagões vazios do metrô. Ao sair, *sendo possível, procure estações com acessos mais rápidos e curtos.* Se o pneu do carro furasse, recomendava escolher um local seguro. *É mais barato um pneu rodando furado do que um carro roubado.* Os condomínios deviam ficar atentos a entregadores. *Não deixe entregadores entrarem no prédio. Se possível, faça na entrada uma caixa de recepção com portinhola, para receber encomendas.* Cuidado com lixeiros e limpadores. *Nos horários de limpeza das áreas externas e de recolhimento de lixo, toda entrada do edifício deve estar fechada.*

Também sugeria cautela com quem se apresentasse como funcionário de Sabesp, Cetesb, Eletropaulo. *Esse funcionário deve, sempre que possível, ser acompanhado por empregado do prédio.* O perigo começava dentro de casa: *evite comentar seus bens e ganhos na frente de empregados e peça que estes não comentem seus hábitos, ausências e telefones.*

O "complexo de casulo" sugeria que, junto com Meneghetti, o ex-enjaulado numa solitária do Carandiru, desfez-se um tempo em que crianças brincavam nas ruas, sem medo, com bolas de gude.

dois

Se o Carandiru foi o prédio, o bairro da Luz foi a região que melhor sintetizou a imagem de uma cidade acuada. De ícone da prosperidade, o bairro da Luz se converteu, com igual intensidade, em símbolo da desolação. Em meio a prédios degradados, encontravam-se hotéis ocupados por cafetões, prostitutas, traficantes e contrabandistas, crianças maltrapilhas consumindo *crack* durante o dia e, à noite, amontoadas nas calçadas, o que acabou selando o apelido de Cracolândia para a região. Um território livre, regido por leis e hierarquias próprias – uma ordem comandada pelos traficantes, muitas vezes aliados de policiais, em que os assassinatos pareciam tão rotineiros como impunes. *Eles ficam perambulando. Vão pulando de mocó em mocó*, afirmou a garota N., ex-traficante, jurada de morte porque decidiu parar de vender drogas.

Deixar as vendas a colocou na condição suspeita de denunciante, "delito" geralmente punido com pena de morte. Os traficantes quase conseguiram matá-la. Numa noite, ela recebeu sete tiros, a maioria no estômago. Levada à UTI, sua barriga foi aberta para a extração das balas. Ficou com a barriga dividida ao meio por uma grossa cicatriz. *Quando olho a cicatriz, sinto vontade de chorar.*

O adolescente M.U. teve mais sorte do que N. Acompanhei-o num passeio pelos lugares em que consumia *crack*, do qual conseguiu se livrar. *Incrível, mas eu era daquele jeito*, disse olhando para um homem estendido no chão e, após citar o nome de vários amigos que morreram, completou: *Escapei por sorte*. Enquanto caminhava pelos *mocós*, ele refez sua história, desde que veio a pé de Santos, por se desentender com a família por causa da droga. Depois de chegar a São Paulo, foi direto para a região central, onde sabia que encontraria *crack*. *Entrei num pesadelo. Quem entra nesse mundo dança*, contou o garoto. No seu trajeto, estava o Pátio do Colégio, marco do nascimento da cidade, cercado de mendigos e meninos viciados em drogas. Dentro dos muros, vazamentos, telhados quebrados, rachaduras, cupins subindo pela madeira; ironicamente, o colégio nascera para "civilizar" uma comunidade de "selvagens".

Ele começou a perceber, de fato, que vinha minando seu corpo quando a droga abalou sua maior paixão: o futebol. *Não conseguia correr*. Foi procurar ajuda, passou a morar num abrigo e recebeu assistência no Projeto Quixote, mantido pela Universidade Federal de São Paulo, onde é oferecido tratamento psicológico e, se necessário, tratamento médico para desintoxicação de dependentes. Começou a fazer curso de teatro, desenvolveu trabalhos de artes, ganhou novos amigos – e, mais importante, entrou na escolinha de futebol do Palmeiras.

As drogas aliviam a dor da invisibilidade, que leva alguns a gestos extremados como tentativas de suicídio; em essência, está em questão a incapacidade de enxergar perspectivas e de se sentir aceito e acolhido. *Dá tilt.* Assim define O.M., quando bate uma sensação que mistura ansiedade e angústia. *Quando dá tilt, tudo parece estar emaranhado, a droga dá mais do que prazer, ela dá uma sensação de previsibilidade.*

Ao tentar se matar, misturou tranquilizantes, álcool e cortou os pulsos. Numa das tentativas, saiu de pijama pelas ruas, com a mãe, desesperada, correndo atrás. Foi a primeira vez que acabou num hospital psiquiátrico. Nesse dia, ele estava abalado porque rompera com a namorada e não soube lidar com a perda. *Vivo sempre com uma ideia de fracasso, de rejeição. Você começa a usar drogas, de início, para fugir da família.*

T.M. decidiu procurar ajuda depois que brigou com o namorado e tentou se matar enfiando uma faca na barriga. Essa já era sua terceira tentativa – na primeira jogara-se debaixo de um automóvel e na segunda cortara os pulsos. Desde os 14 anos usava drogas: maconha, ácido, cocaína, misturando tudo com álcool. Sua irmã também é drogada. Não conseguia ficar um dia sem fumar. Vivia sem projeto, sem expectativa de que algo de bom acontecesse. Via drogas em casa, desde pequena. Seus pais eram viciados que se transformaram em traficantes – ambos, segundo ela, acabaram presos. *Tinha uma sensação permanente de solidão, via minha família em frangalhos.*

Procurou o Programa de Orientação e Atendimento a Dependentes (Proad), do departamento de psiquiatria da Universidade Federal de São Paulo. *Queria chamar a atenção,* resumiu a jovem, ao lado de sua psicóloga, Fabiana Delboa, especialista em dependentes de drogas. Nas três vezes em que tentou "chamar a atenção" com o suicídio, T.M. estava mergulhada nas drogas.

Ela repetia uma prática trágica e rotineira para os dependentes, verificada numa pesquisa realizada pelo Proad com 427 de seus pacientes: a tentativa de suicídio. Da amostra pesquisada, 21% usavam *crack*, 16% consumiam álcool, 16% utilizavam cocaína (injetada e aspirada) e 9%, maconha. Perto de um quarto usava múltiplas drogas. O estudo constatou que 23% tentaram o suicídio – na população em geral, o índice é de 1%. Ao procurar o Proad, o dependente já está desesperado, no fim da linha. *É muito alta a taxa de tentativa de suicídio nesse grupo,* afirma o coordenador do Proad, Dartiu Xavier da Silveira.

A investigação do Proad mostrou como a droga serve de estímulo – ou mesmo origem – para a autoviolência (no caso, a tentativa de suicídio). A droga alimenta os processos de destruição e autodestruição. Especialista em dependência química, o psiquiatra Ronaldo Laranjeira está habituado a ver indivíduos com problemas emocionais buscarem saída na droga e acabarem se enredando mais: *A droga passa a ser o maior problema, colocando a pessoa mais próxima do desespero*, afirma ele.

O histórico dos 427 pacientes mostra que 35,7% deles estavam com sintomas de depressão quando chegaram ao Proad; desses, 15% com quadro agudo. Mais de um terço dos homens deprimidos já tinha tentado suicídio. Mesmo fora da categoria de tentativa de suicídio, outro comportamento pode ser, na prática, enquadrado dessa maneira: a promiscuidade sexual. Entrevistados chegaram a dizer que, mesmo suspeitando que um parceiro tinha Aids, tiveram relações sem camisinha. *É claro que isso, no fundo, é um jeito de procurar a morte*, sustenta o professor de psiquiatria da Universidade Federal de São Paulo, Jair Mari.

É um jeito de se matar todos os dias. Viver é morrer diariamente, afirma S.L., que frequentou as sessões do Proad depois de tentar se matar várias vezes, usar todos os tipos de drogas, do *crack* ao ácido, e viver momentos de promiscuidade sexual. Ao dar seu depoimento, R.G., também ouvida na pesquisa, preferiu escrever uma poesia: *O suicídio mais doloroso é o da alma, quando fechamos nossos olhos para a chama de luz que nos cerca e escolhemos mergulhar para sempre no vazio de nosso ser.*

A epidemia de *crack* avançava em quem deveria combatê-la: a Polícia Militar. Relatórios internos da PM mostravam que a droga estava viciando os policiais. Pelo menos três casos novos por semana chegavam ao departamento médico. Somando a cocaína e a maconha ao consumo de *crack*, a média era de um diagnóstico novo de policial dependente de drogas ilegais diariamente.

De cada 100 novos viciados que chegavam ao departamento médico – levados por superiores hierárquicos, familiares ou apresentação voluntária –, 70 haviam se envolvido com *crack*. *Nós ainda estamos na fase de o PM nos procurar e dizer que usa* crack. *Isso não é o ideal*, declarou o major Antônio José Eça, chefe da divisão de psiquiatria e psicologia do hospital militar.

Segundo cálculos da divisão, estimava-se que, por trás de cada viciado que procurava ajuda, existiam entre três e cinco outros policiais envolvidos com drogas. Todos esses dados, mesmo que precários, serviram para que o comando da PM tomasse a decisão de fazer um convênio com o Instituto de Psiquiatria da Universidade de São Paulo (USP), para medir o consumo de drogas entre os policiais. O consumo de drogas, inclusive de álcool, está por trás do comportamento violento de alguns PMs. O *crack* produz distúrbios psicológicos que favorecem a violência. *Temos observado que os usuários de* crack *desenvolvem paranoia de perseguição, sentem-se ameaçados* – diz a especialista Solange Napo, que acompanhou, pela Organização Mundial de Saúde, 60 viciados em *crack*. A compulsão provocada pelo *crack* também é mais intensa, levando à delinquência. *Nenhuma droga provoca tanta compulsão.*

Documentos internos da PM indicam incidência de drogas, por exemplo, em parte dos 1.343 policiais que mataram civis ou abusaram do poder. *Drogas e policiais são uma combinação explosiva. A droga leva à perda do controle dos impulsos. Terrível para quem vive em tensão extrema e, ainda por cima, armado,* comentou Wagner Gattaz, então chefe do Instituto de Psiquiatria da USP.

Márcia Valadão foi uma das testemunhas do descontrole policial. Morou durante três anos na rua, mais precisamente no Largo da Carioca, no Rio, onde vendia doces e, na hora do aperto, praticava pequenos furtos: *Eu roubava porque tinha fome.*

Ela foi espancada por diversas vezes. Jogavam-lhe água enquanto estava dormindo. Todas as noites aparecia um policial conhecido como Carrasco. E todas as noites ele chutava quem estava dormindo, para que acordasse. Márcia foi uma das vítimas de Carrasco. Mas não apenas dele.

Enquanto dá seu depoimento, Márcia exibe cada cicatriz. Uma delas, bem visível, acima da sobrancelha direita. Uma surra em especial deixou sequelas permanentes. Levou várias cacetadas no ouvido, o que, além de fazê-la perder a audição, frequentemente produz fortes dores. *Nesse dia em que estava apanhando no ouvido, falei pro guarda: "Se você fosse homem, pelo menos, batia com a mão". E o guarda respondeu: "Você não vale minha mão".*

Márcia lembra de um garoto que tinha entrado num restaurante e, aproveitando a distração do dono, abrira a assadora de frango, dessas em que o espeto fica girando, apelidada de "televisão de cachorro". Tirou rapidamente um frango do espeto e saiu correndo. Um policial que estava lá ficou agitado. O dono ainda tentou contemporizar e, segundo Márcia, disse: *Deixa esse desgraçado em paz. Ele está com fome.* Mas não se fez ouvir. O policial saiu correndo em disparada, mas o menino, com o frango na mão, era mais rápido. Estava acostumado a correr. Quando o menino ia ganhando uma folga dianteira, o policial sacou o revólver e acertou-lhe a perna; atingiu o alvo, mas a vítima ainda conseguiu prosseguir, capengando. Mais alguns passos e o frango estava capturado. O policial devolveu-o ao dono como se segurasse um troféu, ostentando um sorriso de satisfação.

Márcia enfrentava a violência destinada aos garotos acrescida dos abusos sexuais reservados às mulheres – uma combinação frequente nas cidades, que produz alguns dos casos mais chocantes de massacre contra adolescentes.

A psicóloga Ana Vasconcelos ficou intrigada ao ouvir, entre meninas prostitutas em Recife, uma expressão desconhecida dela, empregada como sinônimo de aborto. De fato, é uma palavra estranha: "pezada". Ana acompanhava a descontraída conversa entre duas meninas. Uma delas contava que, dias antes, tinha feito um aborto e, enfim, estava livre da gravidez que lhe tirava clientes nas ruas. *Como tirou?*, quis saber a menina que ouvia o relato. *Foi na pezada*, respondeu a outra. Ana se aproximou, curiosa, e perguntou: *O que é pezada?* Ficou estarrecida com a explicação. "Pezada" era levar um chute forte na barriga. Um meio, segundo a menina, fácil e certeiro de fazer um aborto. E, ainda por cima, mais barato, não necessitava de médico ou parteira. Bastava a ajuda de alguém que se dispusesse a dar a "pezada", o que não era difícil.

Passei algumas noites sem dormir direito, quando me contaram essa história da pezada, relembra Ana Vasconcelos, que, em Recife, trabalhava havia vários anos com meninas prostitutas, tentando recuperá-las para o mercado de trabalho, não apenas oferecendo tratamento psicológico, mas formando mão de obra especializada. Ana encontrava pelo menos três casos por ano de aborto no estilo "pezada". Conferiu a informação com médicos que atendiam em prontos-socorros públicos e soube de casos de meninas internadas com hemorragia por causa dos chutes.

O simples ato de tirar uma foto, tão corriqueiro para a maioria das pessoas, é capaz de revelar detalhes impressionantes do mundo dos quase invisíveis.

Num domingo de dezembro de 1989, as freiras Beatriz e Ivanir resolveram colocar em prática uma antiga ideia:

fazer um álbum com fotos coloridas dos meninos assistidos num centro para crianças abandonadas no Jardim Gláucia, periferia de Nova Iguaçu, na Baixada Fluminense. O centro era mantido pela principal escola de Duque de Caxias, o colégio Santo Antônio. Queriam apenas uma recordação. Compraram alguns filmes e, munidas de uma máquina fotográfica, tentaram reunir os meninos. Apesar de simples, o plano falhou. E falhou porque os meninos se recusaram terminantemente a aparecer no álbum. As freiras entenderam os motivos deles e não insistiram: os garotos temiam que o álbum caísse nas mãos de policiais ou exterminadores. Poderiam ser reconhecidos e perseguidos. *Não conseguimos. Eles achavam que o álbum podia acabar nas mãos da polícia.*

A reação foi a mesma quando esses meninos foram convidados a ficar na frente da máquina fotográfica de Paula Simas, que me acompanhou nas reportagens sobre extermínio de crianças e exploração sexual de meninas. Não queriam. Um deles disse: *Isso vai acabar na mão dos homens.* Aceitaram depois de uma negociação intermediada por gente de confiança. Mesmo assim, com a garantia de que os rostos dos procurados estariam cobertos. Um deles, jurado de morte, usou a mão de irmã Ivanir para esconder suas feições.

Depois da insistência de Paula Simas, J.S., 13 anos, deixou-se fotografar no seu refúgio da Baixada Fluminense.

Foram tomadas todas as cautelas. J.S. pegou uma camiseta escura e enrolou na cabeça, deixando apenas os olhos de fora – mais do que isso e correria o risco de ser identificado. Foram 30 minutos de pose. Aos poucos, esse menino magro, cheio de cicatrizes no corpo, ia se desinibindo. Inventava posições e, num gesto de ousadia, fez questão de mostrar o rosto, tirando a máscara improvisada. *Eu vou morrer mesmo*, justificou. Gostou de se submeter à máquina fotográfica e ficou ligeiramente ansioso para ver as fotos reveladas. E, além de reveladas, publicadas. Perguntou, então, ao guia que nos levara a ele quando a reportagem sairia. Dois ou três meses foi a resposta. *Será que até lá eu vou estar vivo para ver?* (Com o rosto coberto, ele foi a capa da reportagem publicada pela *Folha de S.Paulo*, em março de 1990.)

J.S. contou que estava marcado para morrer. Segundo ele, vinha sendo procurado por grupos de extermínio de Caxias, por isso, saía o menos possível. Até, quem sabe, que o esquecessem. *Muitos dos meus amigos já morreram ou estão em cana* – disse, distraindo-se por alguns momentos, relembrando cada nome para provar que estava falando a verdade.

A maioria desses meninos desafiara os exterminadores da Baixada Fluminense e, apesar das recomendações, continuara furtando objetos e alimentos de lojas. J.S. também os desafiou e teve de fugir de Duque de Caxias. Chegou a fazer um inusitado acordo com um matador que, um dia, aproximou-se dele, sentou-se a seu lado no banco de uma praça, colocou a mão em seu ombro e disse: *Gosto de você. Gosto mesmo. Por isso, vim conversar. Não quero te matar. Vamos fazer um acordo.* O menino quis saber detalhes do acordo, enquanto sentia a mão pesada em seu ombro, e teve a explicação. Segundo o relato de J.S., ele teria dito: *Você pode até continuar roubando. Mas não nas lojas que eu cuido. Rouba as outras. Por mim, tudo bem.*

Recebeu a relação das lojas "protegidas". E seguiu o conselho. Acontece que os matadores das outras lojas decidiram eliminá-lo. Achou melhor "dar um tempo". Ele sabia que os exterminadores da Baixada Fluminense não tinham o hábito de blefar, visto o número de relatos e denúncias de assassinatos.

Bem longe da Baixada Fluminense, podemos observar o efeito que uma fotografia tem sobre as crianças; nela se revela a busca de uma identidade.

Oito horas da noite de 19 de janeiro de 1992. Estávamos numa esquina da rua 24 de maio, no centro de Manaus. À nossa frente, sentada na calçada, de *short* preto justo e camiseta verde-abacate cobrindo apenas o busto, com colares e pulseiras, mas descalça, uma menina chorava sem parar, com a cabeça apoiada nos braços que estavam sobre os joelhos.

A seu lado, tentando consolá-la, estava a coordenadora estadual do Movimento de Meninos de Rua, Lauriete

Nascimento. Maria Sanchez, de 15 anos, tinha motivos para chorar: dois meses antes, sua mãe havia morrido e ela não tinha pai para ampará-la.

Mas essa não era sua única perda. A mãe cuidava do filho de Maria. Prestes a morrer de câncer, tinha dado a criança. Ninguém sabia para quem. Talvez tivesse imaginado que o garoto encontraria melhores condições em outra família. *Não me sobrou mais nada. Nem sei onde começar a procurar meu filho*, disse Maria, voltando a chorar enquanto revelava: *Aprendi a trocar roupa de criança não numa boneca, mas no meu filho. Nunca tive uma boneca para trocar roupa.*

Depois, ela recobrou as forças e se divertiu com a sessão de fotos de Paula Simas. Diante da câmera, esqueceu-se por momentos da mãe e do filho que havia perdido. Livre das lágrimas, mostrava um rosto bonito, mesclado de expressões de mulher e menina. Tive a impressão de que, para ela, a fotografia era mais do que um retrato, era um momento de atenção e afeto projetados nela em cada clique.

Maria estava na rua desde os oito anos. Cedo aprendera que nas esquinas poderia encontrar dinheiro apenas através do sexo – a prostituição não lhe era um mundo estranho. A mãe viera de Porto Velho, depois de abandonar o garimpo, onde as mulheres eram manuseadas como objeto sexual. Como as outras meninas de rua, Maria sofria todo tipo de violência de policiais e "clientes", mas tinha aprendido a viver no asfalto como se fosse a própria casa. Era seu ambiente familiar. Sua única irmã, Socorro Sanchez, de 13 anos, era sua companhia nas ruas e motéis.

Socorro mostrou-se animada para tirar fotos, mas impaciente na entrevista. Ficou visivelmente nervosa e queria encerrar logo a conversa. Nem por isso deixou de me dar uma preciosa frase. Perguntei-lhe quanto cobrava por programa, e ela, sem titubear, afirmou: *Cobro 10 mil cruzeiros* [9 dólares] *e, por menos, não saio. Quero o dinheiro adiantado. Eles dão cano, não pagam depois que gozam. Sem camisinha, cobro 15 mil. Mas não deixo fazer tudo, não.*

Não era fácil fazer as entrevistas, muito menos tirar as fotos. A movimentação atraía os meninos de rua da região, cada qual disputando o privilégio de estar no foco das atenções. Nem Lauriete, íntima deles, conseguia manter um mínimo de ordem. Ela se esforçava para impor disciplina, enquanto Paula tentava fotografar Maria Sanchez. Inútil, as fotos ficaram para o dia seguinte. Lauriete se conformava com a bagunça; sabia que toda aquela agitação traduzia a disputa das crianças pela atenção de alguém. Em meio à balbúrdia, foi ela quem aproveitou para desabafar. Não escondeu o desânimo diante do tamanho do problema quando comparado com as verbas e os recursos disponíveis para enfrentá-lo. Voluntária, trabalhava de graça e ajudava a coordenar equipes de educadores de rua. Gastava boa parte do tempo imaginando técnicas pedagógicas que funcionassem e despertassem a atenção nesse submundo antipedagógico. Descobriu, por exemplo, que as crianças adoravam brincar de teatro de sombras, o movimento das mãos projetado na parede, com o auxílio de uma fonte de luz.

Quando nos preparávamos para ir embora, um menino se aproximou e puxou insistentemente minha camisa. Fomos apresentados a mais um personagem de outro tipo de teatro de sombras. Desta vez, de formas humanas mesmo. *Não vai me entrevistar, tio?*, perguntou, e logo descobri tratar-se de uma menina.

Com apenas 12 anos, ela já tinha até "nome de guerra", hábito entre as prostitutas: Cristiane. Seu nome verdadeiro era Edvalda Pereira da Silva. Como a maioria das meninas de rua, apanhara da polícia. Ela contou que um policial tinha chutado sua barriga ao ser xingado de filho da puta. Sabia o que era camisinha, mas não usava. *Dizem que, se não usar, dá uma tal de Aids, mas não acredito.* Havia aprendido algumas manhas da profissão. Socorro Sanchez lhe ensinara que sempre devia cobrar adiantado. Seu preço: 7 mil cruzeiros por programa. Fiz uma pergunta propositalmente ingênua: *Tão pequena e já faz programa?* Edvalda riu. Disse que sua mãe trabalhava no Itamaracá, região do baixo meretrício, e que não se importava com as suas transas. *Só tenho uma diferença das outras meninas daqui da rua. Sabe qual é?* – perguntou. *Não faço ideia*, retruquei. Sua resposta me surpreendeu. Levantou a camiseta, que, de tão grande, servia como saia, riu e disse: *Ainda não tenho peito.*

três

Quando me mudei para Nova York, em 1995, minha visão sobre o Brasil – e sobre a ruína das cidades, a começar por São Paulo – estava influenciada, em parte, pelo anonimato de crianças exterminadas e meninas sexualmente exploradas, um dos ingredientes da violência que se espalhava pelo país. Cerca de 30 mil pessoas morriam assassinadas todos os anos, a maioria delas jovens, superando qualquer guerra em qualquer parte do mundo. Combinavam-se desemprego, subemprego, baixa (ou nenhuma) escolaridade, drogas, maternidade precoce, sistema de saúde precário, programas assistenciais pífios e, para piorar, programas repressivos do tipo Febem, que mais complicam do que ajudam.

Por causa da sensação permanente de vulnerabilidade, fiquei especialmente intrigado com a notícia que li, numa manhã de agosto de 1995, no apartamento em que morava na Broadway, entre as ruas 87 e 88, a oito quadras do Central Park. Ilustrada por gráficos, uma reportagem do jornal *The New York Times* informava que o crime estava caindo em Nova York de forma tão consistente e generalizada que sugeria uma tendência. Reli a notícia, tomei mais um café, cheguei se meu inglês não me traíra e, a partir daquele momento, na minha coluna na Folha de S.Paulo, passei a acompanhar periodicamente a queda da criminalidade, enquanto me embrenhava nas experiências comunitárias nova-iorquinas, que, em essência, construíam o direito à visibilidade.

Assisti a aulas de poesia contemporânea para ex-presidiários que descobriam sobre si mesmos enquanto desvendavam versos complexos; estudantes pobres conheciam história atuando em produções de ópera; crianças visitavam as casas dos luminares do *jazz* e, depois, levadas aos concertos, estudavam a história da cidade e do país. Terrenos cheios de mato eram limpos e ganhavam flores, graças ao esforço da comunidade. De madrugada, em alguns bairros violentos, convidavam-se adolescentes para jogar basquete, no intuito de tirá-los da rua. Ao fazer os mais diversos tipos de pães, aprendia-se sobre a diversidade. Ensinava-se caratê a chefes de gangues, para que soubessem lidar com a força e se tornassem mediadores de conflitos, devidamente remunerados.

Por sua importância econômica, Nova York tanto pode ser considerada a capital do "Primeiro Mundo", quanto, por suas desigualdades e seus guetos, a capital do "Terceiro Mundo", com imigrantes de todas as partes, centenas de milhares deles clandestinos, entre os quais muitos subempregados. Nova York não tem a aparência asséptica de algumas cidades europeias. Naquele 1995, caminhavam nas ruas, quase sempre sozinhos, indivíduos cadavéricos, assombrações, vítimas do vírus da Aids, o que deixava meus dois filhos impressionados. Meus filhos, que nasceram e sempre moraram em Brasília, nunca tinham visto ruas tão sujas e tantos mendigos como em Nova York. Essa disparidade gerou um lance teatral, protagonizado pelo escritor Arnaldo Jabor, que, andando pela Broadway, foi abordado por um mendigo. Sem titubear, sacou uma nota de US$ 5. Diante do espanto dos outros brasileiros, entre os quais eu, ele explicou, com seu habitual bom humor: *Nunca pensei que fosse dar esmola para americano. Você não pode imaginar como me sinto superior...*

A paisagem de "Terceiro Mundo" era especialmente notável num dos cartões-postais de Nova York: Times Square. Famosa mundialmente pelos musicais e pelos gigantescos anúncios luminosos, a região de Times Square condensava uma comunidade em que muitos habitantes, derrotados e sem esperança, preferiam ir embora. Perambulavam nas calçadas sujas rufiões, traficantes, drogados e prostitutas. Por isso, quando a Disney anunciou que construiria um teatro na rua 42, a pior das ruas da região de Times Square, espalharam-se comentários jocosos sobre roteiros infantis em que o Pateta faria o papel de traficante, Mickey de gigolô, a Branca de Neve de prostituta, Tio Patinhas de chefe do crime organizado.

O teatro funciona e atrai centenas de milhares de pais e mães, acompanhados dos filhos. Tornou-se um pequeno exemplo da Nova York que se transformou em referência planetária contra a violência, a tal ponto que o nome de um de seus prefeitos foi sugerido para o prêmio Nobel da Paz.

De Times Square, subindo pela Broadway, chegamos a um dos pontos de ebulição da virada comunitária: o Harlem, que, no passado, serviu como plataforma de lançamento do *jazz* para mundo e, depois, virou cenário de filmes sobre gangues de negros e latinos.

A crítica de moda Glória Kalil, com dois amigos, conheceu o bairro nos anos 1980, da pior forma possível, ao assistir a um *show* de Bob Marley no Teatro Apollo, na rua 125. Sentados na plateia, os três brasileiros – os únicos brancos – viraram alvo de uma saraivada de bolas de papel. Saíram dali antes de acabar o *show*, procurando um táxi nas ruas desertas. Viam táxis em cada carro que passava em alta velocidade. Um motorista se apiedou deles e aceitou levá-los para longe dali. *Tremia de medo*, lembra Glória Kalil.

O clima do bairro mudou por uma articulação poderosa. Testemunhei um pequeno, mas significativo, gesto dessa articulação, numa igreja batista do Harlem. A igreja estava lotada e Yolanda Torres, ex-freira da República Dominicana, defensora da Teologia da Libertação, convidara o novo chefe de polícia do distrito a subir ao púlpito. Diante da plateia silenciosa, Yolanda pediu-lhe que se comprometesse a trabalhar junto com a comunidade, fazendo um juramento diante de Deus. Na verdade, estavam consolidando uma vitória iniciada no ano anterior.

A polícia estava vinculada ao tráfico de drogas, o que tornava o bairro uma terra de ninguém. Os moradores não tinham coragem de denunciá-la. Os religiosos, então, pediram aos fiéis que levassem ao culto, dentro do envelope em que se fazem as doações, um papel com a localização dos pontos de venda de drogas, os nomes e endereços dos traficantes. Num único domingo, os pastores receberam 147 indicações de pontos de droga. Esses dados foram levados a uma esfera mais elevada da polícia, que, depois de receber as informações, comprometeu-se a ajudar. Os líderes comunitários recusaram e bateram o pé: queriam gente nova na investigação. Do contrário, ameaçaram, iriam ao prefeito. Se o prefeito não resolvesse, bateriam nas portas do governo e, finalmente, na Casa Branca. Até lá, iriam fazer barulho pela imprensa.

Foi feita uma limpeza na delegacia, demitiram-se policiais, abriram-se processos e, mais importante, prenderam-se traficantes. Nem o tráfico nem a violência acabaram, mas as entidades religiosas e de direitos civis já não se sentiam tão acuadas. O comércio começou a ser revitalizado, recebendo grandes lojas, videolocadoras, restaurantes, gerando empregos. Empresários reformaram casas de *jazz*, explorando a mística local. Esse movimento de euforia ganhou um título: *Renascença do Harlem*, numa referência ao período cultural de enorme atividade artística que se seguiu à obscura Idade Média.

Andar pelo Harlem faz qualquer um do Terceiro Mundo sentir-se em casa. Caminham pelas ruas pais e mães de santo, devidamente paramentados. Uma feira com produtos da África faz com que um brasileiro se imagine, por alguns instantes, na Bahia. Talvez por isso tenha se estabelecido uma conexão entre o Harlem e Salvador, com troca de informações sobre a arte de transformar crianças e adolescentes pela cultura.

No final da década de 1980, Cesare de La Rocca, ex-funcionário graduado do Unicef, jesuíta nascido em Florença – o berço do Renascimento –, atraía atenções internacionais para o Projeto Axé, em Salvador. Meninos e meninas de rua submetiam-se ao que ele chamava de "pedagogia do desejo". A autoestima das crianças se construía por meio da cultura africana e baiana, gerando identidade – tão distante nas escolas – e perspectivas de vida. Seduziam-se as crianças pequenas a estudar Picasso, mostrando a fase africana do pintor. Treinava-se o equilíbrio emocional, decisivo na administração de conflitos, convidando todos a fazer cursos de circo e aprender a andar na corda bamba. Alguns dos jovens se matriculavam nas reverenciadas bandas de música baiana e, ali, aprendiam mais do que música – aprendiam disciplina e harmonia.

Lembro-me de que uma adolescente do Axé fez uma festinha de aniversário para comemorar seus 15 anos. Depois de apagadas as velas, perguntaram-lhe, sem maiores pretensões, qual o seu desejo: *Fazer 16 anos*, respondeu. Fazer 16 anos era um "privilégio" que alguns de seus amigos não tiveram.

Naquele laboratório social do Harlem, programas educativos se interessavam pelo que ocorria em Salvador e os educadores baianos se interessavam pela experiência do Harlem.

Um sinal dessa renascença apareceu num projeto do Instituto de Tecnologias do Aprendizado (Institute of Learning Technologies), da Universidade de Colúmbia, numa escola do Harlem chamada Frederick Douglas Academy. Os alunos apresentaram uma versão digital da *Divina comédia*, do poeta florentino Dante Alighieri. Um grupo de cinco adolescentes se perfila na sala. Cada um deles escolheu um trecho da obra, dissecando a jornada do ser humano à procura da purificação para se libertar do pecado. Explicam que visitaremos os círculos do inferno, do purgatório e do céu, tudo numa *homepage*. A cada segmento do céu, do purgatório e do inferno correspondem personagens atuais. Passeiam pela obra e, ao mesmo tempo, discutem suas próprias experiências, aprofundando o debate sobre as estruturas de poder na sociedade norte-americana. Martin Luther King aparece no paraíso, assim como um de seus inspiradores no movimento de não violência: o indiano Mahatma Gandhi.

Depois da apresentação, perguntei aos coordenadores daquele projeto pedagógico como conseguiram entusiasmar adolescentes pobres pela *Divida comédia*, uma das obras mais complexas da literatura. O que poderia haver de comum entre jovens pobres do Harlem no final do século XX e um poeta italiano do século XIII? Os professores mostraram para os alunos um Dante rebelde, incompreendido, pressionado. Por sua rebeldia, foi punido. Condenado à morte por suas posições em Florença, teve de viver no exílio, marginalizado. *Fizemos com que cada um deles se sentisse um pouco Dante*, explicou Jennifer Hogan, coordenadora do projeto na escola.

Aquela escola conseguiu produzir o renascimento de estudantes. Dos formandos da Frederick Douglas, 95% conseguiram ser aceitos em universidades; entre elas, as prestigiosas Yale, Harvard e Colúmbia. Até pouco tempo antes daquela exibição sobre Dante, o prédio estava deteriorado, com cadeiras e janelas quebradas, tomado por gangues, cheio de professores amedrontados. Na entrada, chegaram a colocar um detector de metais.

Uma professora de pedagogia, Lorraine Monroe, aceitou o desafio de converter aquela escola numa ilha de excelência. Entre suas primeiras iniciativas, estava a de atrair os pais, sensibilizá-los para o desempenho dos filhos. Enquanto reformava prédios e currículos, treinava os professores e pregava disciplina.

Negro, dois metros de altura, usando roupas com estampas africanas, Joseph Stewart abriu a janela do terceiro andar do prédio de número 242 da rua 114, no Harlem. Deixou entrar o vento frio da tarde, debruçou-se sobre o parapeito e apontou os locais da rua onde se vendiam drogas. *É uma concorrência desleal*, reclamava. *Os traficantes oferecem US$ 20 por hora apenas para as crianças vigiarem as ruas. Muito mais, se elas venderem a droga.* O salário mínimo nos Estados Unidos era de US$ 4,5 por hora.

Stewart trabalhava havia quatro anos naquele prédio e educava meninos e meninas para evitar o crime organizado, as drogas e a violência. Ali se instalou um dos projetos-modelo de Nova York, desenvolvido na escola pública 194, marcada por alta evasão, repetência e baixo aproveitamento – características comuns das escolas dos bairros pobres da cidade. Por terem desempenho escolar ruim, as crianças viravam marginais no mercado de trabalho e, assim, alvos do crime organizado. *Muitos dos irmãos mais velhos, tios e até pais de nossos alunos são traficantes.*

Num exercício de expressão, pediram aos alunos de uma classe que desenhassem algo que simbolizasse suas vidas. Um dos desenhos, feito por um menino de nove anos, mostrava um homem negro apontando uma arma para uma mulher e duas crianças. O menino foi convidado a explicar o que significava aquela cena. O garoto, sem hesitar, disse que o homem armado era seu pai. O depoimento surpreendeu a todos, mas esse fato é apenas o extremo de um fenômeno comum no bairro: a violência doméstica. A menina Elisa Izquierdo foi uma das vítimas. Seu assassinato, em novembro de 1995, chocou a cidade. Sua mãe, viciada em *crack*, espancou a garota até a morte, por achar que ela estava possuída pelo demônio.

Aquela escola foi escolhida para abrir o projeto comunitário do Rheedlin Center for Children and Families, justamente porque batia todos os recordes de violência da região. *No mês em que chegamos aqui, foram quatro assassinatos de jovens, por causa da droga*, lembra-se Joseph.

O intenso comércio de drogas na região isolou ainda mais os adultos dentro de casa, principalmente à noite. A falta de recreação, entre outras coisas, contribuía para aumentar a violência doméstica. A estratégia foi desenvolver programas para todos: adultos, jovens e crianças. O local, revitalizado, virou ponto de encontro e de referência, mesmo à noite e nos finais de semana. O funcionamento noturno era tido como uma das chaves do sucesso do programa; não havia nada acontecendo no horário na região, a não ser a atividade das ruas. Segundo Joseph, a evasão e a repetência entre os alunos menores caiu drasticamente. O centro também mantém um conselho de ajuda a dependentes de drogas e uma linha telefônica para emergências.

Algumas das melhores lições sobre essa química entre escola, família e comunidade aprendi por causa de meus filhos, que estudavam na Manhattan School for Children. Essa escola foi criada porque um grupo de pais não se conformava com a qualidade das escolas públicas das redondezas, na fronteira do Harlem, nem via alternativa para seus filhos, exceto instituições particulares, com uma mensalidade proibitiva de US$ 1.300.

Decidiram criar uma escola pública em que os alunos aprendessem como aprender – e não apenas memorizassem informações. O currículo deveria perseguir o prazer da curiosidade; os professores seriam treinados para transformar curiosidade em informação, informação em entendimento. A diversidade cultural do bairro, dividido entre negros e hispânicos, seria fonte de aprendizado orientado pela reverência à ética e à justiça social. Descobrir a comunidade seria descobrir o mundo por meio da poesia, das artes plásticas e da música. O projeto foi submetido ao poder público, que resolveu bancar a experiência, cedendo um apertado andar num prédio. Os pais trataram de levantar sozinhos mais recursos.

Como não havia espaço na escola para esportes, introduziram aulas de dança. Os museus, teatros e bibliotecas foram incorporados à sala de aula. Para aprender história e geografia, os alunos estudavam compositores e músicos de *jazz*, visitavam as casas onde moraram esses artistas. Eram levados depois ao teatro, para ouvir a apresentação realizada por um grupo profissional. A administração da escola, a captação de recursos, a supervisão dos professores e o debate sobre o currículo eram tarefas realizadas pelos pais, alguns dos quais educadores ligados à Universidade de Colúmbia, que fica nas redondezas. Como o projeto prosperou, firmaram-se acordos com escolas privadas para troca de informações e convênios com as universidades para desenvolvimento de programas tecnológicos. Em pouco tempo, a escola foi apontada pela imprensa e pelas faculdades de educação como uma das dez melhores escolas básicas de Nova York.

Indo do Harlem para o norte, mas ainda na ilha de Manhattan, chega-se a Washington Heights, batizada de "capital do crime", uma das portas de entrada da droga em Nova York. Raros prédios foram poupados dos ataques de gangues de pichadores. Uma das exceções era a escola secundária Salomé Ureña de Henriquez, que ostentava como troféu as paredes intactas. A limpeza dos muros era um detalhe revelador de uma escola que, por ganhar a admiração mesmo das gangues mais temidas do bairro, elevou o padrão de ensino público e eliminou a evasão.

O prédio tinha uma característica particular: abria de manhã, funcionava até as 22 h, ficava aberto nos finais de semana, feriados e nas férias. Não era lugar apenas para os 1.400 alunos de 10 a 14 anos que atendia, mas também para seus irmãos, ainda abaixo da idade escolar e, principalmente, para seus pais. Mais do que uma escola, era um centro comunitário. Os pais recebiam aconselhamento psicológico, médico e os mais variados cursos, como computação, inglês (a maioria era imigrante) e até aulas para abrir um pequeno negócio. Por esses mecanismos, obtinha-se o envolvimento fundamental dos pais na educação dos filhos.

Numa ofensiva contra a degradação da comunidade, a associação Children's Aid Society propôs à prefeitura de Nova York ajudar a administrar a escola, na busca de um padrão de excelência comparável às instituições privadas. A associação avaliou que, ao cuidar dos problemas sociais e psicológicos das famílias e dos alunos, daria mais liberdade ao professor, que se preocuparia apenas em ensinar, já que alguém tentaria resolver os efeitos da violência doméstica, da falta de saúde, do envolvimento com drogas, do comportamento violento ou do sexo precoce.

A administração dos conflitos se aprendia não só por intermédio dos psicólogos, mas também nas aulas de balé, música, teatro e esporte. Essas atividades ensinavam os alunos a servir de mediadores na resolução de conflitos entre seus colegas. Foi criada ainda uma oficina para consertar bicicletas; a partir daí, o estudante se envolvia numa tarefa produtiva. A bicicleta consertada era dada de presente a alguém da comunidade e o aluno aprendia noções de matemática, mecânica e ecologia. Dentro da escola, foi aberta uma loja de produtos cobiçados pelas crianças, do tipo Nike. Ali, elas aprendiam noções de comércio, contabilidade, composição de lucro, matemática (cálculo de juros compostos, por exemplo). *Nosso segredo é respeitar o aluno*, dizia Rosa Agosto, diretora do Children's Aid Society. *Respeitar não significa fazer o que eles querem, mas ajudar ao máximo a abrir uma possibilidade para que escolham*, afirma Gina Trent, também integrante da associação.

O resultado é que, apesar da curta existência da experiência, os alunos da Salomé Ureña de Henriquez apresentavam em seus testes níveis semelhantes aos registrados em escolas frequentadas por crianças das famílias mais ricas de Nova York.

As explicações para essas conquistas em bairros deteriorados são oferecidas por estudiosos como William Julius Wilson, professor de Harvard, considerado um dos mais importantes intelectuais americanos. Ele estudou a história de bairros como Harlem e South Bronx – seu principal foco de investigação são os guetos de Chicago –, que sofreram com a perda de postos de trabalho na indústria. Wilson constatou que os números da violência seguem os do desemprego, acompanhados por uma sensação de desesperança, falta de perspectiva e destruição das famílias e decadência das escolas. *Logo, a elite do bairro vai embora, e os que ficam não têm modelos positivos a seguir*, escreve Wilson. Esse processo abala uma riqueza chamada de capital social, recuperado, em parte, nos programas de inclusão como os do Harlem.

Esse capital social foi medido pelo ex-diretor da faculdade de economia da Universidade de Chicago – uma das mais renomadas do mundo – o brasileiro José Alexandre

Scheinkman, que coletou registros de homicídio de centenas de cidades. Relacionou-os a seus dados de desemprego, renda, escolaridade, cor e religião dos moradores, entre outros fatores. *Vimos que um determinado nível de pobreza não corresponde diretamente a um determinado nível de violência.* Um dos fatores que pesam é a relação entre criminosos e falta de estrutura familiar – filhos de mães solteiras ou abandonadas pelos maridos compõem a maioria dos assassinos nos Estados Unidos. O processo de invisibilidade começa de forma aguda dentro de casa, muitas vezes em meio à violência doméstica crônica. Scheinkman acha que a violência é um comportamento que se torna uma linguagem, um modo de se comunicar, de resolver conflitos, transmitido para os mais jovens. É uma degeneração que prospera em decorrência da falta de perspectiva, provocada pelo desemprego, pela falta de estrutura familiar, pela pobreza, pelas drogas, pelo álcool e pela impunidade. Com base nessa visão, pesquisadores americanos estabeleceram uma relação direta entre o aumento do número de abortos e a queda nos indicadores de criminalidade, no pressuposto de que menos crianças indesejadas estavam nascendo – e criança indesejada, num ambiente em que faltam opções, seria uma candidata à delinquência.

Pesquisadores patrocinados pelo Instituto Nacional de Saúde da Criança, do governo americano, analisaram as certidões de óbito de 10 mil crianças até 12 meses de idade, vítimas de algum tipo de acidente, de 1983 a 1991. Publicada na revista da Associação Americana de

Pediatria, a investigação detectou que cerca de 27% dos bebês foram vítimas de homicídio; outros 27% estão na categoria de mortes suspeitas. Assim, necessariamente, uma parcela deveria ser creditada a homicídios, depois de uma investigação minuciosa. A maioria das crianças foi morta ao ser violentamente sacudida, jogada na parede ou espancada – o massacre também inclui desde tiro e asfixia até queimaduras. Notou-se uma vinculação entre homicídio e perfil da mãe. Mães solteiras ou descasadas, com menos de 17 anos, baixa escolaridade e baixa renda, tendem a ser mais violentas.

A relação entre crime e capital social foi uma das lições que eu trouxe da Índia, onde conheci programas em favelas e pesquisei sobre homicídios. Lá, o índice de assassinatos equivale ao da pacata Florianópolis, com 5 mortes para cada 100 mil habitantes. Com uma população de 300 mil pessoas, a capital de Santa Catarina fez dessa estatística um polo de atração de migrantes refinados, cansados da violência urbana, e virou notícia, por ter a taxa mais baixa de homicídios entre as capitais brasileiras.

O mapa-múndi dos homicídios contraria o senso comum: alguns países subdesenvolvidos ostentam taxas de homicídio menores do que outros desenvolvidos. Nos mais pobres, ela é de 4,2 por 100 mil; nos mais ricos, de 4,7 por mil.

No caso da Índia, o misticismo religioso e a vida em pequenas comunidades ajuda a assegurar o sentido de pertencimento. A Índia é, por exemplo, muito mais pobre do que a Colômbia, um dos lugares mais violentos do mundo, onde a banalização da morte pode ser percebida numa curiosa devoção religiosa. Pistoleiros de Cali e Medellín, sedes do comando do tráfico, desenvolveram um ritual religioso antes das execuções. Ajoelhados diante de uma imagem, pedem proteção para não errarem o alvo nem serem mortos. Além das pistolas, carregam no peito um crucifixo e, se bem-sucedidos, agradecem a proteção divina à pontaria. Muitos deles se juntam aos peregrinos que visitam as cidades colombianas, onde, imaginam, a Virgem Maria já apareceu.

Na Colômbia, os sequestros não se limitam apenas aos ricos. Até porque a oferta de sequestráveis endinheirados é muito menor do que a procura. Sequestram-se pessoas pobres e cobram-se até mesmo US$ 50 de resgate. No dia em que cheguei na cidade de Cali, li uma notícia sobre uma nova modalidade de sequestro: pegaram um papagaio, cujo resgate saiu por US$ 50 – o mesmo que custaria um pobre. Na falta de pessoas, apela-se para os animais. Cães de famílias de classe média rendem até US$ 200. É compreensível, portanto, a principal notícia de um jornal: mãe some com o filho, diz que ele foi sequestrado e faz ex-marido pagar resgate.

Conversei em Cali com um ex-matador, então com 16 anos, que me disse: *Depois de pouco tempo, é como se pisássemos numa barata*. Esse adolescente tinha deixado o crime e integrava um projeto de recuperação de jovens. Para atrair os matadores, o coordenador do projeto, Jorge Varela, fez uma conta. Cada encomenda de assassinato custava, em média, US$ 50. Calculou que, por mês, cada matador eliminava quatro pessoas em Cali. Ofereceu, então, um salário de US$ 200. Estava funcionando.

Um dos responsáveis por esse tipo de experiência é o médico Rodrigo Guerreiro, que nasceu na Colômbia, estudou epidemiologia em Harvard e tornou-se prefeito de Cali. Como cientista, tinha de entender por que ali se produzia uma das maiores taxas de violência do mundo; como político, deveria, ao mesmo tempo, apresentar soluções administrativas para o problema. Pouco antes de terminar seu mandato, em 1992, a imprensa divulgou uma lista dos "soldados" do cartel de Cali. Estavam entre eles dois dos guarda-costas de Guerreiro.

Vi como a violência cresce, degenera todo um corpo sadio, e o que é anormal vira normal – disse ele, na época em que trabalhava como consultor para assuntos de violência da Organização Pan-americana de Saúde (Opas).

No século XIX, a epidemiologia se dedicava a entender as doenças infecciosas (cólera, por exemplo), depois, as crônico-degenerativas (câncer e infarto) e, na década de 1990, entrou no campo das moléstias sociais.

Guerreiro começou a coletar em Cali os números necessários aos cientistas que tentam descobrir as causas de uma doença. Descobriu que a idade das vítimas e dos agressores variava entre 16 e 24 anos, que eles matavam preferencialmente nos fins de semana, à noite, com armas de fogo, sob efeito de bebida alcoólica, que tinham envolvimento com drogas, que viviam em bairros sem policiamento e que geralmente estavam desempregados. *Estabelecemos a situação de risco.*

Com base nesse retrato, tentou desarmar os jovens, proibir a bebida depois de determinado horário e lançar programas para geração de renda – logo, as taxas recuaram moderadamente. *O rapaz não tem emprego e acaba nas mãos dos traficantes, gerando um círculo vicioso. E, pior, é estimulado, porque a taxa de punição é baixa.* As injeções de capital social em Cali surtiram efeito, com a redução do número de assassinatos.

Injeções semelhantes foram aplicadas um pouco além de Washington Heights, cruzando Manhattan. Bairro de classe média branca até a década de 1950, o South Bronx virou referência do caos das grandes cidades americanas, com seus prédios, templos e escolas abandonadas, lixo e desempregados pelas ruas. As guerras de gangues, o tráfico de drogas e os assassinatos inspiraram filmes policiais que retratavam o caos urbano – serviu de cenário para *A fogueira das vaidades*, filme baseado em livro do escritor Tom Wolfe, em que um bem-sucedido executivo acaba com a própria vida por ter se perdido na cidade e atropelado um negro naquele bairro.

Presenciei ali como jovens reciclavam-se na vida reciclando o próprio cenário em que viviam. Estampadas em dez jovens, as tatuagens e cicatrizes visíveis no rosto eram recordações dos tempos das gangues, drogas e brigas nas ruas do South Bronx. *Ganhei um sentido de vida* – orgulhava-se Yokohmo Santiago, de 22 anos, filho de imigrantes portoriquenhos.

Afastados da delinquência, esses jovens estavam armados apenas de ferramentas para reformar prédios. O grupo fazia parte de uma das experiências sociais mais festejadas, escolhida pela Organização das Nações Unidas (ONU) como um dos dez melhores exemplos de recuperação urbana do mundo. Os dez jovens ajudavam a produzir uma imagem até pouco tempo antes inimaginável. Num projeto criado pelos moradores, batizado de "Banana Kelly", duas mil casas e apartamentos foram reformados e ganharam fachadas coloridas. Banana Kelly é o nome da rua em que o projeto reformou o primeiro prédio, onde, hoje, em uma das paredes – como marco histórico –, está exposta uma escultura de meninas pulando corda.

As gangues perderam força e os moradores puderam comemorar uma redução de 50% nos crimes. *A situação obviamente não é fácil, mas perto do que era virou um paraíso*, dizia a dominicana Rafaela Menendez, assistente social que morava em South Bronx.

No início da década de 1980, os moradores conseguiram que o governo cedesse os prédios abandonados. Reformados, foram alugados para famílias preocupadas em trabalhar e educar seus filhos. Banana Kelly não é apenas uma ideia urbanística, mas educacional. Tentaram atrair para ele os integrantes de gangues, o que, de um lado, reduziria a tensão nas ruas e, de outro, forneceria mão de obra. Ofereceram um salário e a chance de se aprender uma profissão reformando prédios; ao mesmo tempo, proporcionaram atendimento psicológico e assistencial. *Incrível a satisfação deles quando reformam um prédio e podem mostrar aos amigos. Eles acabam virando bons exemplos e mostram a seus colegas que existe saída. Temos uma fila de pessoas querendo entrar em nosso programa*, afirmava Augie Demera, que comandava os programas educacionais do projeto. Como seus alunos, ele se envolveu com gangues. *Sei como eles pensam, sentem e agem. E sei que, se você der a oportunidade, muitos vão tentar*, afirmava.

Quando começaram a reformar os prédios e apartamentos, os jovens estancaram o fluxo de moradores para outras regiões e passaram a atrair famílias de maior poder aquisitivo – aumentou, assim, a pressão por melhores escolas, ruas mais limpas e, em especial, mais segurança. Desde o início, Banana Kelly tentou transmitir a sensação de que uma nova ordem estava para surgir. Por isso, apagavam todas as pichações feitas pelos jovens nos prédios reformados. Centros de saúde e projetos educacionais foram atraídos para o local, e a chegada de pequenos negócios foi estimulada.

A polícia aproximou-se da comunidade, que, sentindo-se menos acuada, dispôs-se a revelar os nomes dos líderes de gangues e chefes do tráfico. Os policiais iam aos encontros das associações de moradores, que se dispuseram a criar patrulhas voluntárias de civis. Foram colocados mais policiais nas ruas e, graças à descentralização das delegacias, a polícia teve mais autonomia para perseguir os criminosos. *Foi quebrada a sensação geral de impunidade*, afirmava Rafaela Menendez.

As patrulhas ganharam um rádio da polícia e, se desconfiassem de algo, avisavam a delegacia, que acionava um carro. Prenderam os chefões das duas maiores gangues. Como as ruas ficaram menos inseguras e as famílias conquistaram maior poder aquisitivo, compraram ou alugaram apartamentos no bairro. O comércio, que já tinha desaparecido, voltou a abrir as portas e gerar empregos.

Experiências como as de South Bronx, Harlem, Times Square e Washington Heights revelam uma virada para retomar territórios ocupados. Foram resultado de uma longa mobilização, em que se misturou uma série de fatores.

Quando estava no chão, quebrada, literalmente falida, na década de 1970, a cidade ganhou a campanha *I love New York*, na qual o verbo era substituído pelo desenho de um coração. Já no início dos anos 1990, Nova York se beneficiou da melhoria na eficiência policial, que, além de uma reestruturação nos mecanismos de prevenção e repressão, norteou-se pela *tolerância zero* aos pequenos delitos.

Os Estados Unidos entraram, então, numa fase de crescimento econômico que durou anos seguidos, gerando altos níveis de emprego. Mas, mesmo com melhor policiamento e mais empregos, os territórios de invisibilidade não foram alcançados, pois exigiam ações locais, rua a rua, bairro a bairro, que, sem a engenhosidade comunitária, tornavam muito mais difícil e demorada a ofensiva contra a exclusão e contra a violência – esse associativismo é um dos traços dos Estados Unidos desde a sua colonização e explica a capacidade de enfrentar adversidades e estabelecer metas não só de governo, mas da coletividade.

A engenhosidade comunitária salvou o bailarino brasileiro Eduardo Torre, portador do HIV. Ele tinha o hábito de fazer caminhadas matinais em Nova York com Cafi, sua *beagle* "loira de olhos verdes". Além das longas caminhadas, Eduardo fazia ginástica aeróbica e musculação e frequentava aulas de dança. Trabalhava meio expediente e estudava computação gráfica. Ele pertencia a uma tribo de invisíveis da cidade: a dos brasileiros aidéticos.

Eduardo já teve aparência cadavérica. Numa de suas internações, lutou durante três meses contra a pneumonia e a tuberculose – esse mal fez seu médico sugerir que ele participasse de uma experiência científica e integrasse a primeira geração de cobaias bem-sucedidas submetidas às novas medicações para enfrentar o vírus da Aids.

O principal teórico da produção desses novos remédios, o cientista David Ho, morava em Nova York, onde tinha um laboratório doado e mantido pela família Diamond, cujo nome ficou para a posteridade. De certa forma, a família Diamond estava presente numa cena de um *show* de Caetano Veloso no Central Park, pois não esperou a solução do governo e tirou dinheiro do próprio bolso para financiar a pesquisa contra a Aids.

Durante esse *show*, vi um indivíduo que, naquele momento, deveria estar esquálido e doente, preso na cama, talvez até morto, mas, alegre, dançava ao som de Caetano, acompanhado ao piano pelo músico japonês Ryuichi Sakamoto. Portador do vírus da Aids, nos meses anteriores, esse homem perdera o perfil cadavérico, ganhara peso e vitalidade, e exibia o que se transformou na maior atração científica do ano.

O caso me chamou a atenção, porque, meses antes, eu conversara com brasileiros invisíveis em Nova York, vítimas da Aids. Alguns deles diziam ter pouco tempo de vida, incluindo o animado fã de Caetano no Central Park. Não era um caso isolado, todas as pesquisas apontavam para o mesmo resultado. Cerca de 90% dos aidéticos acompanhados pela Universidade de Nova York exibiram notáveis melhoras. *É impressionante, parece que eles renascem*, atestava Wagner Denuzzo, assistente social do Hospital Saint Vincent, que cuidava de imigrantes ilegais com HIV.

Graças às novas descobertas, Nova York, cidade onde os homossexuais são tão importantes como judeus e católicos, estava testemunhando nas ruas o que, pouco tempo antes, só testemunhava em milagre. Raras cidades vivem o pânico da Aids como Nova York, onde até lutador de boxe é proibido de trabalhar se não fizer exame de sangue.

A Aids estava aprisionando brasileiros na cidade. Exilados pela doença, não podiam voltar ao Brasil, nem para férias, nem para um simples fim de semana. Longe da família e dos amigos, impedidos pelo inverno rigoroso de sair às ruas, a maioria tentava compensar a solidão com drogas, religião e – em casos extremos – até com o suicídio. Formavam o tecido mais vulnerável entre os cerca de um milhão de imigrantes ilegais que entravam anualmente nos Estados Unidos e os quase 1,5 milhão de brasileiros que viviam no país, clandestinamente ou não. E engrossavam o grupo dos cerca de 235 mil nova-iorquinos soropositivos. Estimativas indicavam que, a cada dia, 14 pessoas contraíam o HIV em Nova York.

Por serem portadores do HIV, tinham direito por lei a tratamento médico e psicológico gratuito, ajuda para aluguel, transporte e alimentação. Apenas em remédios, gastariam por mês até US$ 10 mil, uma despesa que jamais poderiam assumir. Transformados em cobaias humanas voluntárias, recebiam, antes da aprovação oficial, as mais modernas drogas contra o vírus. Para ter acesso a tais benefícios, assinavam um documento em que afirmavam não ter condições físicas de deixar o país, o que significava que, se cruzassem as fronteiras, não poderiam mais voltar. Entre novembro 1995 e fevereiro de 1996, inverno nos Estados Unidos, acompanhei o cotidiano de alguns desses brasileiros que, descrentes da medicina pública brasileira, foram para Nova York também na esperança de que estariam mais próximos da cura.

Se, de um lado, encontraram mais apoio médico e uma cidade mais preparada para conviver com portadores do HIV, de outro, mergulharam no vírus da solidão, que os fazia ver no Brasil um paraíso definitivamente perdido.

O carioca Marco Aurélio desconfiava que podia morrer a qualquer momento. Portador do HIV desde 1987, vivia em Nova York havia cinco anos e só tinha um projeto na vida: voltar ao Brasil. Renato, seu irmão, sete anos mais novo, e uma gata vira-lata foram suas únicas companhias durante as 72 horas mais críticas de sua vida: *Achei que fosse morrer. Mas o que me deixou desesperado mesmo foi pensar que iria embora sem ver o Brasil, meus amigos e minha família.* O que impedia Marco Aurélio de voltar era o medo de não ter como lutar contra a doença no Brasil, por causa do elevado preço dos remédios.

Com problemas gastrointestinais causados pelo vírus e bastante debilitado por uma meningite e duas crises de pneumonia, Marco consumia US$ 10 mil por mês só em remédios, pagos pelo governo dos Estados Unidos. Como não suportava o frio do inverno, um carro do hospital pegava Marco em casa e o levava de volta toda vez que ele precisava sair. Fora as idas ao hospital, Marco só saía às segundas-feiras à noite para ir a um centro espírita no Queens, onde ouvia explicações sobre como seria a vida após a morte. Por causa do frio e da debilidade de seu organismo, ele passava 80% do inverno em casa. *Não gostava muito de TV, mas tive que aprender. Vejo filmes em vídeo, talk-shows e as novelas brasileiras que minha família manda.* Ele também lia, ouvia música e gastava o tempo preparando pratos que não chegava a comer. *Não consigo engolir quase nada, porque os remédios me deixam enjoado. Mas cozinhar virou uma terapia. Me dá a ilusão de vida normal, de que estou sendo útil.* Os pratos que preparava eram dados para a gata.

Desde 1988 trabalhando com portadores do HIV, em 1996, Wagner Denuzzo, aos 32 anos, já tinha cuidado de pelo menos 300 brasileiros em Nova York: *Para eles, tão grave quanto o próprio vírus é a solidão, o sentimento de isolamento.* Como assistente social do programa de imigrantes ilegais do Hospital Saint Vincent, Denuzzo, paulistano que também entrou clandestinamente nos Estados Unidos, mas depois obteve direito à moradia, era a principal testemunha dos momentos de solidão dos brasileiros.

Você é meu único e, talvez, último amigo, disse T.L. a Denuzzo como agradecimento. Horas antes, T.L., de 30 anos, havia saído do hospital onde passara dois dias para se desintoxicar das doses diárias de morfina que tomava para enfrentar as dores causadas por uma infecção. T.L. consumia tanta morfina que a droga já não estava fazendo efeito. Com a doença em estado avançado (sua morte já tinha sido prevista pelos médicos), T.L. se afastou dos amigos, da família e recusava qualquer tipo de ajuda. Restava-lhe a conversa telefônica com Wagner. *Ele segue o caminho de muitos brasileiros, provocado pela solidão: o suicídio –* lamentava Denuzzo, que, havia meses, tentava convencer T.L. a tomar a medicação contra o HIV ou a participar de terapia. Mas T.L. preferia se trancar em seu apartamento, mergulhado na morfina. *Não quero que ninguém veja o meu rosto, nunca mais*, desculpou-se T.L., que, no Brasil e nos Estados Unidos, fez sucesso como modelo.

Afundar em drogas às vezes parece a única solução, declarava Mário Justino, ex-pastor da Igreja Universal do Reino de Deus, soropositivo, que, isolado e sem dinheiro, traficou drogas e se viciou em cocaína. Num passeio pelo East Harlem, na esquina em que traficava, ele dizia ter sido salvo por um travesti brasileiro chamado Vanusa. Depois de uma *overdose*, Justino foi hospitalizado e Vanusa, que trabalhava como voluntária do GMHC, conseguiu motivá-lo a sair das drogas. *Ela salvou minha vida*, comentou Justino. Pouco tempo depois, Vanusa morreria de Aids, de maneira comum na comunidade brasileira de portadores do vírus: sozinha.

Muitos vieram a Nova York procurando a liberdade, mas encontraram aqui uma prisão, lamentava João Fernando de Resende, 34 anos, formado em antropologia pela Universidade de Brasília e ex-funcionário do Ministério da Fazenda. *No Brasil, é tudo lindo, tudo bom, se a gente não tem problema. Se ficar doente ou faltar dinheiro, vira um inferno,* dizia o carioca Luis de Souza, 33 anos, expressando a mágoa compartilhada por boa parte dos soropositivos brasileiros que viviam em Nova York. Luis veio para os Estados Unidos em 1992, três anos depois de ter descoberto que era soropositivo. Não tinha nenhum sintoma da doença e decidiu abandonar o Brasil porque estava cansado de esconder da família que era *gay* e que tinha o vírus da Aids. *As pessoas no Brasil são muito hipócritas. Minha mãe sabia que eu era gay, mas preferia fingir que meu único problema era a dificuldade de arranjar namoradas.* Não podia nem pensar em levar meus parceiros para casa e não havia a menor abertura para conversa. Embora quase quatro anos sem visitar a família, ele não queria voltar. *Só volto em férias, porque quero mostrar a Thomas* [seu namorado] *as belezas do Rio.*

quatro

Em 30 de janeiro de 1998, o céu estava azul e o dia, ensolarado. Nem parecia inverno, assemelhava-se a uma manhã outonal. Era a imagem ideal para ficar na lembrança, o inverno quente, as ruas repletas de gente, bares e restaurantes cheios. Foi o dia de minha despedida de Nova York. Nas caminhadas diárias, muitas vezes sem roteiro determinado, apenas pelo prazer de flanar, aprendi o gosto de andar em calçadas largas, sem me importar com quem estava atrás. Não me preocupava com os automóveis; mesmo os motoristas mais nervosinhos rendem-se, com medo de processos judiciais, à arrogância dos pedestres que não esperam o sinal verde. Disseram-me certa vez que a civilidade de uma cidade se mede pela largura das calçadas. É verdade.

De onde morava, alcançava qualquer lugar a pé, quase sempre passando por algum parque, com paradas estratégicas em livrarias ou cafés. Uma das paradas era o Metropolitan Museum of Art (MET), grudado no Central Park, onde, depois de tantas visitas, apenas na última semana de minha estada observei uma placa mínima. Antes de morrer, Lila

Acheson Wallace fez ao MET uma doação em dinheiro, cujos juros deveriam ser usados apenas para trocar, semanalmente e para sempre, as flores exuberantes e frescas espalhadas em vasos chineses pelo *hall*. Era como se aquela mulher tivesse decidido se tornar visível para sempre na forma de flores. A mulher sobrevivendo em flores aparecia como a melhor imagem de um espírito de pertencimento a uma comunidade, talvez por resumir poeticamente a força de toda uma cidade, amedrontada, que decidiu ser protagonista da retomada de seu território. Essa imagem se traduzia nas flores do museu, nos remédios contra o vírus HIV, na versão digital de Dante no Harlem, nos jovens restauradores de South Bronx ou no teatro Disney em Times Square.

Voltei para São Paulo, onde as calçadas iam desaparecendo engolidas pelos carros, trazendo na bagagem o aprendizado sobre as possibilidades de autorreciclagem de uma comunidade. Naturalmente, minha atenção voltou-se para as ações de resistência, de personagens muitas vezes anônimos em seus bairros – exatamente o contrário da minha vivência em Brasília, em que o foco se concentrava nas celebridades e autoridades, olhando o Brasil do planalto. Estava agora na planície.

Moldava meu olhar o fato de que não reconhecia a cidade em que nasci e, de certa forma, apesar de todos os privilégios de classe média, experimentei a sensação da invisibilidade – e não só porque estava havia 15 anos fora, 13 dos quais em Brasília. Nasci em 1956, na fronteira do Parque do Ibirapuera, inaugurado dois anos antes para comemorar os 400 anos da cidade, que, na época, tinha 50 mil automóveis, o tamanho da atual frota de táxis.

Como sempre tive o prazer de andar a pé – talvez pela absoluta incompetência para os esportes e uma certa ojeriza à repetição da ginástica –, desde cedo desenvolvi o hábito de flanar. Quando era criança, andava sozinho pelo centro, onde meu pai tinha uma loja de móveis na rua Xavier de Toledo, a poucos metros do Teatro Municipal e do viaduto do Chá. Deparava sempre com os mesmos mendigos. Não me recordo de crianças abandonadas perambulando naquela paisagem, nem de caminhar olhando para trás, com medo de que alguém me abordasse.

A escola em que estudei (I.L. Peretz), na rua Madre Cabrini, na Vila Mariana, ostentava imensas janelas através das quais eu acompanhava, curioso, o movimento e os sons das ruas: a gaita do funileiro, a matraca do vendedor de biju, o realejo do homem do periquito. Agora, as janelas haviam desaparecido, cobertas por um imenso muro.

Os cines Belas Artes, na avenida Paulista, e Bijou, na praça Roosevelt, em que aprendíamos a beijar na boca, fazer escaladas sutis com os dedos nas meninas (o máximo permitido na época) e apreciar filmes de cineastas europeus – que não entendíamos – estavam abandonados. Houve um tempo em que o Bijou prestou memoráveis serviços à educação cinematográfica de uma geração de paulistanos, ao fazer vista grossa às nossas idades. Naquele momento, ao seu redor, viam-se calçadas esburacadas, mendigos e drogados.

Dali, seguindo pela avenida Ipiranga, na esquina com a avenida São João, o bar Brahma, na memória de tantos boêmios, estava fechado e, segundo os rumores, candidatava-se a templo evangélico – justo naquela esquina, que entrou no imaginário brasileiro por causa de *Sampa*, de Caetano Veloso.

Na rua da Consolação, subindo à esquerda do Bijou, logo depois do cemitério, desaparecera uma escola de iniciação sexual com mulheres especializadas em clientes adolescentes. A casa da tia Olga, como era chamada, guardava lembranças profundas da perda da virgindade de garotos que se imaginavam espertos e contavam vantagens sobre as mulheres. Lembro-me de uma noite fria e chuvosa, em que cheguei ensopado da cabeça aos pés na tia Olga, e duas das mulheres, maternais, secaram meu corpo e me serviram café, comovidas com meus espirros.

A poucos metros dali, aproximando geograficamente Deus e as putas, ficava a sinagoga que eu frequentava, agora parecia uma fortaleza. A três quadras da sinagoga, está a rua Augusta, que se converteu numa lembrança ruim dos dias de glória, quando chegou a receber um tapete no asfalto e por onde perambulava a vanguarda cultural. Acabou invadida por igrejas evangélicas, saunas, casas de massagem, boates e prostitutas nas esquinas. As lojas ficaram vazias.

Sobrara, aparentemente intacto, o Ibirapuera, mas seu lago, por causa do esgoto clandestino, cheirava a peixe podre – imaginem, o lugar mais reverenciado pelos paulistanos.

O prédio do rebelde colégio Equipe, que reunia a elite transgressora, desapareceu para dar lugar a um estacionamento com uma ilha de mata atlântica. Lá, no auge da ditadura militar, os *shows* se mesclavam a mesas-redondas e a filmes *cult*. *Era um oásis na cidade, amedrontada pela ditadura*, lembra Serginho Groisman, que dirigia o centro cultural do Equipe, plataforma que o projetaria à televisão. Não havia espaço culturalmente tão badalado para os alternativos, os então descolados da juventude, orgulhosos de participar de uma alguma tribo. A programação cultural misturava Caetano, Gilberto Gil, Cartola, Elba Ramalho, a turma dos Novos Baianos e Raul Seixas a adolescentes, que, sem saber, iriam ter futuro, cantando, encenando, escrevendo, fotografando. Muitos dos Titãs, por exemplo, estudaram no Equipe e ajudaram a colar na rua os cartazes dos *shows*.

Por ali passaram marxistas, guerrilheiros, *hippies*, alienados, roqueiros. *Trafeguei por todas essas tribos*, diz Serginho, testemunha de prisões de professores, o que conferia ao ambiente um clima heroico de resistência temperada pela sensualidade. As meninas, de sandália de couro, vestiam-se com roupas folgadas e gritantemente coloridas, com detalhes floridos, e ajudavam os meninos a explorar as praias quase virgens do sul da Bahia.

Tudo era meio improvisado. Serginho Groisman buscava pessoalmente os convidados em seu fusca branco. Um dia, deu-se conta do tamanho do desastre que seria para a música popular brasileira caso sofresse um acidente. Reduziu

O mistério das bolas de gude   71

a velocidade e, inseguro, passou a dirigir tão devagar que irritou um dos passageiros. *Acelera, meu filho, assim ninguém aguenta*, protestou Cartola, espremido no banco de trás entre Nelson Cavaquinho e Clementina de Jesus, estavam ali três dos maiores ícones do samba.

Nesses tempos do fusca e das viagens a Porto Seguro, ainda sem grandes aparatos turísticos, e de quando os baianos, ainda novos, aquartelavam-se no centro da cidade, imaginava-se que, uma vez derrotada a ditadura, estaríamos livres da violência. Mas ela estava apenas começando.

Duas décadas depois, as estatísticas fúnebres revelavam, no final da década de 1990, uma cidade de joelhos, como se estivesse sem reação. Longe do sentido de coletividade, tornara-se uma aglomeração de indivíduos desconectados e amedrontados. Um contraste com a São Paulo que fora palco de mobilizações que ajudaram a mudar a história do país, como as articulações contra a monarquia e contra a escravidão; as primeiras greves gerais do país, combatidas na pancada, no início do século passado; a resistência armada contra Getúlio Vargas; as passeatas contra o regime populista de João Goulart; a pressão pela volta da democracia e a campanha pelas eleições diretas. Em São Paulo, estruturou-se, em larga medida, o principal partido de resistência ao regime militar, o Movimento Democrático Brasileiro (MDB), além do PT e do PSDB, que elegeriam presidentes da República e indicariam boa parte dos ministros. Foi o cenário de rupturas culturais de vanguarda, como a Semana de Arte Moderna de 22, o nacionalismo de Monteiro Lobato, o tropicalismo e até a Jovem Guarda. Por causa de uma articulação da sociedade, construiu-se a Universidade de São Paulo, que trouxe importantes acadêmicos europeus e produziu um rigor científico antes desconhecido no país.

A sede da *Folha de S.Paulo*, onde eu iria trabalhar, fica num dos territórios simbólicos da invisibilidade, separada da Cracolândia apenas por uma rua, a avenida Duque de Caxias, ironicamente patrono do Exército. Todo o entorno se convertera na "Grande Cracolândia". É um posto de observação perfeito para examinar os códigos da violência, escritos nos registros de morte dos atestados de óbito, assim como nas pichações, que fazem de São Paulo uma espécie de livro com palavras incompreensíveis; do seu jeito agressivo, apenas expressam o desejo da visibilidade, nem que seja pela feiúra.

De tão comum, ninguém mais se espanta com a cena de automóveis importados, equipados com o que há de mais sofisticado em termos de tecnologia – até mesmo sistema de rastreamento por satélite –, parados atrás de um carrinho movido a tração humana, convivência de extremos. Esses mesmos carros velozes trafegam sempre de janelas fechadas, muitas delas blindadas. Mesmo que estivessem abertas, os motoristas não notariam que aquelas famílias que moram nos viadutos por onde trafegam remontam aos tempos em que os humanos viviam em cavernas.

Aquelas cavernas podem oferecer as cenas mais estranhas e reveladoras da invisibilidade. Debaixo dos viadutos, Jorge Cordeiro, conhecido como Gaúcho, escrevia em papéis soltos sobre como alguém, desempregado e longe da família, vai perdendo os laços. *Escrever um livro tinha virado terapia para mim.* Numa das folhas, ele registrou em detalhes sua chegada de ônibus, vindo de Porto Alegre. Tinha dormido boa parte da viagem. De manhã, quando acordou, estava próximo ao terminal rodoviário do Tietê e, ainda sonolento, perdido na paisagem tumultuada, sentiu arrependimento por ter decidido deixar sua terra e experimentar a vida de migrante. *Tarde demais para voltar atrás*, pensou.

Ele, que em Porto Alegre chegou a cursar o ensino médio e teve vários empregos, acabou na rua, fazendo da bebida uma maneira de escapar do frio, da fome e da falta de perspectiva. Quando rabiscava o papel, seus companheiros de rua achavam estranho. *Os caras começaram a falar que eu tinha ficado doido, mas eu estava recuperando minha consciência.* Era a consciência de quem, graças ao projeto de um livro, percebeu-se desconectado, sem se reconhecer em quase nada, exceto na marginalidade. Certa vez, passou, sujo e maltrapilho, na frente de um restaurante e pensou: *Eu já tive uma vida de verdade, igual à desses caras, e se eu contasse para eles, ninguém iria acreditar.*

Ao mesmo tempo em que tentava reestruturar sua vida no papel, ele foi, na rua, montando uma família. Encontrou uma mulher que tentava se livrar (e se livrou) do *crack*, casou-se com ela, teve dois filhos e conseguiu morar num albergue. O livro foi intitulado *Identidade perdida: Memórias de um morador de rua*. Mas uma das melhores histórias estava fora desse livro.

A jornalista Simone Paulino tinha decidido ajudar Jorge Cordeiro a preparar seu livro. O que era para ser uma atividade filantrópica se transformou na descoberta de inimagináveis segredos de sua própria família. Tudo começou com um projeto literário fracassado. Ela queria escrever um conto baseado em seu irmão alcoólatra, Nilton Paulino, apelidado de Kung Fu, que morreu em 2000, vítima de cirrose. De tempos em tempos, deprimido, Nilton fugia e escondia-se pela cidade. O projeto do livro, intitulado *Marginal*, fracassou por um simples motivo: *Vi que não sabia quem era meu irmão*. Não se conformava com o fato de ter vivido tanto tempo próxima e, ao mesmo tempo, tão distante dele. *Com a morte dele, veio a culpa*.

Tirou o livro da cabeça, mas ficou o mistério das ruas de São Paulo, por onde Kung Fu trafegava anonimamente. Só por isso, aceitou trabalhar de graça para o Gaúcho, que precisava de ajuda para transformar seus manuscritos em livro. Simone ajudou Gaúcho a refazer sua história, acompanhou-o em trilhas urbanas, tomou contato com os personagens que formavam as redes de solidariedade. Numa das conversas, Simone soube que um dos melhores amigos dele tinha o apelido de Kung Fu. *Como não sabia o que era delírio ou realidade, imaginei que fosse uma coincidência.* Até que remexeu nos poucos papéis deixados pelo irmão e leu, nas costas de um cartão amassado, o nome Gaúcho. Não era delírio. Percebeu, então, que havia dois mistérios – os amigos de Kung Fu não sabiam aonde ele ia quando, doente, sumia das ruas, e os familiares não sabiam onde ele vivia quando desaparecia de casa. *Ao refazer os caminhos e os contatos do Gaúcho, fiquei sabendo como meu irmão vivia.*

Nas ruas de Gaúcho e Kung Fu, quadrilhas roubavam, impunemente, os bustos de celebridades colocados nas praças, as tampas de bueiros, os trilhos de trem e a fiação elétrica, para ganhar alguns trocados. Os irmãos publicitários Wanderley e Rose Saldiva foram vítimas dessas quadrilhas. Em homenagem à mãe, encomendaram uma obra a Maria Bonomi, uma das mais importantes artistas plásticas brasileiras. Nasceu assim, em bronze e granito, uma mulher carregando duas crianças; a peça foi chamada de *Os anjos*. Como Cecília Saldiva, a mãe, adorava patrocinar as artes, seus filhos quiseram doar a estátua para a cidade de São Paulo.

Em um espaço de 12 m², em frente à praça do Pôr do Sol, no Alto de Pinheiros, *Os anjos* fariam nascer uma nova praça, que foi batizada, em 1991, de Cecília Saldiva. *Pensávamos em eternizar a imagem da minha mãe e, ao mesmo tempo, produzir beleza pública*, lembra Rose. Cantores, poetas, escritores e atores vieram para a inauguração, quando foi descortinada a peça de 350 quilos, carregada por 25 homens. Desde então, aquele pequeno espaço não foi afetado pelo descuido que tomou conta da cidade: os filhos bancavam, orgulhosos, a preservação – não deixavam o mato crescer ou o lixo ficar no gramado. Uma operação de criminosos desfez a homenagem: a peça foi furtada. Quem poderia imaginar, afinal, que assaltantes não se inibissem diante de uma peça de 350 quilos, numa região de razoável movimento, cercada de seguranças privados por todos os lados!

Ainda abatida com a morte recente do irmão Wanderley, uma das figuras simbolizadas na estátua, Rose contou que não conseguia olhar para a praça vazia. *O que tentei eternizar foi mais frágil do que a natureza humana.* Nem sabia a quem apelar. Imagine como seria a cara de espanto – ou talvez de deboche – do delegado, quando apresentasse, emocionada, a queixa do desaparecimento de uma escultura em praça pública. Desolada, assim como Maria Bonomi, disse que, com o roubo da estátua, foi como se visse a mãe morrer pela segunda vez, mas agora sem encontrar o corpo para enterrar.

Arcangelo Ianelli, um dos mestres da pintura no Brasil, desenvolveu uma escultura à prova de vandalismo, protegida por vigas de ferro. A ideia de fazer "arte blindada" nasceu de uma decepção. Ianelli tinha doado três esculturas ao parque da Aclimação, onde, há 30 anos, costuma fazer caminhadas, para buscar inspiração. Acabou criando o cenário de um crime – duas das obras, intituladas *Todas as manhãs* e *Amantes*, foram destruídas por vândalos. *Doar as esculturas foi a forma que encontrei de retribuir o acolhimento.* Entusiasmado com a doação, Ianelli estimulava artistas amigos a presentearem com suas obras as áreas públicas de São Paulo. A péssima notícia veio numa virada de ano. *É muito doloroso. Os trabalhos consumiram tempo, mas bastou uma madrugada para serem demolidos.* Como no caso dos irmãos Saldiva, ninguém viu nada; até agora, nunca apareceu sequer uma pista dos delinquentes. Ianelli não se abateu. Meteu-se em seu ateliê para recompor as obras – desta vez possivelmente para sempre. *É claro que vou repor as obras; como todo artista, sou teimoso. Arte é teimosia. Se não fosse a teimosia, não existiria a arte.*

Numa batalha desigual, pessoas solitárias vão reagindo como podem à destruição da paisagem. São casos aparentemente insignificantes, como o de Iolanda Zanotto, de 74 anos, nascida em Veneza, onde aprendeu desde menina a cultivar canteiros de flores nas ruas – especialmente valorizados por causa da fugacidade das flores, submetidas ao rigor das estações. Jovem, Iolanda veio morar em São Paulo. Conseguiu espalhar na sua vizinhança, no bairro de Pinheiros, o costume de preservar canteiros públicos. Inconformada com o descaso, declarou uma guerra solitária contra os indivíduos que fazem das poucas áreas verdes – a começar dos canteiros – banheiro para seus cães. Não se amedrontava e passava um pito no dono do cachorro. *Já ouvi cada coisa. Certa vez, uma mulher me mandou voltar para a Itália.*

Decidiu criar sete canteiros no entorno do prédio em que mora, na rua Simão Álvares, e cuidar deles, enchendo-os de *marias-sem-vergonha* e de *boas-noites*, que produziam um visual multicolorido. *Amo esta terra. Estou aqui há mais de 53 anos e me considero mais brasileira do que italiana. Acho que posso contribuir com um pouco das virtudes de um povo que dá valor para suas flores.* Iolanda vê vantagens em São Paulo quando a compara às cidades italianas: *O tempo frio é curto, há tipos de planta que podem florescer durante o ano inteiro.*

Inspirados no exemplo de Iolanda, moradores das redondezas – descrentes do poder público – sentiram-se estimulados a fazer seus próprios canteiros nas ruas. O porteiro de um prédio fez uma "vaquinha" e, além de flores, plantou árvores. *Na última viagem que fiz à Itália, fiz questão de levar as fotos da rua para que meus parentes vissem o progresso. Antes, não dava para mostrar, era tudo muito feio.*

Com idade próxima à da senhora de Veneza, Giselda Leirner entrou em desespero ao notar homens da prefeitura aproximando-se ameaçadoramente, com motosserras em punho, do frondoso fícus localizado diante de seu apartamento. Desceu correndo e, arquejando, implorou-lhes que aguardassem. Telefonou para repartições públicas à procura de uma salvação. Ninguém atendia. *Parecia um pesadelo*. Assistiu, impotente, com lágrimas nos olhos, ao melancólico espetáculo: as folhas iam desaparecendo ao som da serra elétrica.

A paisagem de sua janela, na rua Rio de Janeiro, em Higienópolis, tinha ficado mais triste. A copa do fícus fora extirpada, restou um tronco quase sem folhas. Era, em menos de 15 dias, o segundo ataque a uma árvore em frente ao edifício onde morava. *Adorava ver aquela exuberância verde, era como se fizesse parte da minha casa.*

O culto da estética sempre fez parte da vida de Giselda. Ela é irmã de Nelson Leirner, um dos expoentes da arte contemporânea brasileira, e filha de Felícia, escultora mundialmente conhecida. Assim como as artes plásticas, a intimidade com a natureza a acompanhava desde os tempos de menina, quando morava no Bom Retiro. Bastava dar uns passos e chegava ao Jardim da Luz, cenário em que, entre brincadeiras e fantasias, cultivou a paixão pelas árvores. Adulta, montou um ateliê na serra da Cantareira, onde, além de pintar seus quadros, plantava os mais diversos tipos de árvore. *Sei o que é podar e sei o que é mutilar. O que a prefeitura fez foi mutilação. E isso é uma irresponsabilidade.*

Porém, Giselda conseguiu uma pequena vitória. Grudou no tronco do fícus uma folha de papel, uma espécie de manifesto, atacando o que chamou de brutalidade ecológica. Ajudou a criar um clima de revolta e a chamar a atenção da mídia – afinal, a região é tombada e mexer numa árvore exige uma série de autorizações. Com esse singelo protesto, tornou-se, por dias, o principal assunto de Higienópolis. Quem sabe, da próxima vez, eles pensem duas vezes.

Além dos roubos de obras públicas e da destruição de árvores, uma das mudanças na paisagem paulistana eram os *motoboys* zanzando como loucos entre os carros ou estirados no chão, feridos e rodeados por seus colegas. Para que se tenha uma noção do risco, a atividade atrai até mesmo confessos candidatos ao suicídio. As estatísticas indicam a morte de um motoqueiro por dia; o estrago se revela, diariamente, nas dezenas de corpos feridos nos prontos-socorros.

Quando Maria Madalena Rutschka resolveu trabalhar como *motogirl*, tinha pelo menos duas ideias, uma delas inconfessável. Desempregada, com quase 40 anos, viu na moto uma fonte de renda para ela, que já estava deslocada do mercado de trabalho. Desesperada, encontrou uma saída para se matar e para aplacar a dor provocada pela lembrança do filho que se afogou num rio durante as férias. Era apenas uma questão de tempo – Maria Madalena imaginava – espatifar-se em colisão com algum automóvel. *Não conseguia suportar a perda do meu filho, precisava fazer algo tão agitado, elétrico, que não me deixasse pensar e também me ajudasse a ir embora com ele.*

Foi-se o desespero, ficou o emprego. Sentiu-se acolhida pela tribo dos *motoboys*, aprendeu a suportar a dor da perda do filho, superou a vontade de se matar, fez da profissão um jeito de viver e, um belo dia, tornou-se uma das estrelas da tribo mais visível e ruidosa da paisagem paulistana: Maria Madalena é um dos personagens do documentário *Motoboys, vida loca*, do publicitário Caíto Ortiz e do jornalista Giuliano Cedroni.

Durante um ano, eles acompanharam as aventuras e desventuras de oito *motoboys*, para entender os códigos daquela tribo. *Queríamos mostrar o outro lado desses personagens tão demonizados na cidade*, conta Giuliano. Para Caíto, significou uma viagem nesses personagens tão próximos – que vivem zanzando perigosamente entre os automóveis e são xingados pelos motoristas –, mas tão distantes. *Estamos captando um pedaço da alma de São Paulo, na sua modernidade e no seu atraso*, diz Caíto.

Tânia Marques resolveu tirar proveito do trauma que tinha de moto. Nenhum dos seus seis irmãos, todos apaixonados por moto, escapou de um algum tipo de acidente; dois morreram. Apesar de testemunharem os perigos, também os sobrinhos contaminaram-se da paixão pelo motociclismo. *Não sei se alguém no mundo já sentiu tanto ódio das motos como eu.* Ela seria uma das últimas pessoas a ganhar dinheiro com motocicletas – afinal, nenhuma outra invenção lhe trouxe tantas desgraças. Depois que seus dois irmãos morreram – um dos quais vítima de uma mulher que dirigia um automóvel enquanto conversava ao celular –, Tânia desenvolveu a raiva de moto e, ao mesmo tempo, compaixão pelo motociclista. Andar pelas ruas e presenciar a acrobacia selvagem dos *motoboys* significava para ela a lembrança permanente da catástrofe familiar. Da mistura de raiva com compaixão, nasceu uma empresa de *motogirls*. *Talvez algum psicólogo me ajude a entender por que abri esse negócio.* As *motogirls* são obrigadas a respeitar as normas do trânsito, estão proibidas de fazer acrobacias e devem vestir-se com elegância. Apostando na civilidade urbana, o *marketing* feminino, pelo jeito, pegou.

De todas as mudanças na paisagem humana paulistana, nenhuma produzia uma sensação de confinamento tão intensa quanto os sequestros. Disseminaram-se em São Paulo as mais variadas modalidades de sequestros. Explodiam especialmente os sequestros relâmpagos. Em um único mês, foram registradas 140 ocorrências dessa modalidade de extorsão, que, pelo ineditismo, nem tinha definição no Código Penal e, portanto, demorou a entrar nas estatísticas oficiais. Mas a realidade não espera as definições jurídicas e, entre suas vítimas, está Mônica Falcone, que, por esse e outros motivos, acabou deixando São Paulo.

Quando ia para a fazenda nos fins de semana e queria esquecer as preocupações, Mônica dirigia um jipe sozinha pelas estradas de terra, ouvindo música em alto volume. A combinação de paisagem bucólica, vento, cheiro de mato, som e velocidade conseguia deixá-la relaxada. Resolveu testar essa terapia automobilística pelas ruas congestionadas de São Paulo. Foi a última vez que fez esse tipo de experiência.

Como a paisagem de São Paulo jamais será remotamente parecida com a do campo, Mônica resolveu pilotar o jipe Hilux, da Toyota, com as janelas fechadas e colocou para tocar músicas românticas cantadas por Caetano Veloso. Entretida com as melodias, não notou dois jovens, no semáforo, apontando-lhe um revólver calibre 38 e exigindo que abrisse o vidro. Desde que voltara da Itália, onde morou por 20 anos, e decidira trocar o jornalismo pela culinária, Mônica imaginava-se razoavelmente protegida. *Depois de tanto tempo morando no exterior, fui me sentir mesmo estrangeira em minha própria terra.*

A cena teve um toque de realismo mágico, tudo acompanhado pela suavidade musical de Caetano. Os dois assaltantes só a tratavam, gentilmente, por senhora. *A senhora não se preocupe, nunca mataria ninguém. Meu pai morreu assassinado, sei como isso estraga uma família,* disse um, incomodado com o pranto de Mônica. Ela, maternal, disse que tinha um filho da idade deles e recomendou: *Nunca matem ninguém, mais cedo ou mais tarde pegam vocês.*

Os jovens não conheciam as ruas e Mônica estava nervosa. A caminho da marginal do Pinheiros, erraram o caminho. *A senhora tem o seguro do carro?*, o rapaz que pilotava quis saber. *Sei lá, por quê?* Não queriam levar dinheiro nem cartões, só o carro. Ele disse que ficaria mais tranquilo se o jipe estivesse no seguro. O carro, avisou, seria desmanchado ou mudaria de país. Nunca mais seria recuperado. De tão visado, aquele tipo de jipe não é aceito por algumas seguradoras.

Mônica foi deixada numa esquina, nas proximidades de Pinheiros. Quando saía do carro, aliviada, ouviu a última pergunta do rapaz ao volante: *Quem está cantando é o Caetano?*. Diante da resposta positiva, ele sorriu e cumprimentou: *A senhora tem muito bom gosto*. Desorientada, amedrontada e sozinha em uma esquina, sem o celular, Mônica viu o jipe se distanciar, com os jovens ouvindo Caetano interpretar músicas americanas no mais recente trabalho, *A foreign sound* (Um som estrangeiro).

Os sequestros de idosos e, em particular, de crianças se alastraram a tal ponto que algumas pessoas das famílias mais ricas implantam *chips* do tamanho de um grão de arroz em seus corpos, para serem localizadas em qualquer lugar que estiverem.

Ex-oficial de inteligência das Forças Armadas, Ricardo Chilelli, dono da RCI First Security, monitora seus clientes, devidamente chipados, de um centro de controle em Miami. *Meus clientes não querem ser monitorados por alguém dentro do Brasil, desconfiam que os dados possam acabar vazando.* Chilelli também se especializou na construção de *bunkers* em residências.

Os *chips*, entretanto, são a versão tecnológica mais extremada da insegurança. O clima entre diretores, professores e pais de alunos das escolas de classe média alta da cidade de São Paulo beirou o pânico generalizado depois do sequestro de estudantes a caminho de estabelecimentos tradicionais como o Dante Alighieri e o Santa Cruz. Antes desses sequestros, alunos de escolas da zona oeste, entre as quais Vera Cruz e Rainha da Paz, vinham informando que, ao voltarem para casa a pé, eram frequentemente obrigados a pagar "pedágio" a quadrilhas de adolescentes.

As escolas reforçaram os esquemas de segurança, espalhando vigias pelas redondezas e implantando novos equipamentos. No ônibus escolar do Dante, por exemplo, foi instalado um sistema de conexão por satélite que pode paralisar o veículo. O Santo Américo, colégio de elite no Morumbi, recomendava que seus alunos usassem um casaco por cima do uniforme, para que não fosse possível identificar de onde eles vinham. No São Luiz, seguranças passaram a acompanhar alunos até a estação do metrô.

Tornou-se cada vez mais comum os alunos chegarem à escola acompanhados de seguranças. Os policiais advertem que é mais fácil sequestrar uma criança – afinal, não se imaginam vigiadas e não tomam precaução. Além disso, os pais demonstram menos capacidade de resistir à chantagem e tendem a pagar o resgate pedido.

Durante 17 dias, Expedito Franzana enfrentou uma das maiores dores a que se pode submeter um pai: seus dois filhos, um de 13 e outro de 10 anos, foram mantidos num cativeiro, depois de arrancados do ônibus escolar. Ao contrário do que ocorre com a maioria das famílias vítimas de sequestro, Expedito, além de não querer deixar a cidade, diz sentir-se de certa forma culpado. *Percebi como eu vivia tranquilamente e sem me sentir responsável pelo que acontece numa sociedade que estimula o crime.*

Expedito Franzana encara os sequestradores dos filhos como vilões e, ao mesmo tempo, como vítimas. Um deles tinha saído da prisão 60 dias antes, depois de cumprir pena de 20 anos na cadeia. *Se esse sujeito tivesse procurado emprego na minha empresa, eu teria recusado.*

A visão de Expedito tem, em parte, explicação em sua própria trajetória de vida. Filho de agricultores, nasceu numa pequena cidade do interior de Santa Catarina, de 25 mil habitantes, chamada Fraiburgo. Saiu de lá contra a vontade dos pais. Chegou a São Paulo sem dinheiro e, em certos períodos, ficou desempregado. *Senti o que era a angústia da falta de perspectiva.* Numa tentativa desesperada, vendeu a única propriedade que tinha – um automóvel – e comprou uma pequena loja de material de construção. *Descobri meu talento.* Desde então, enriqueceu. *Devo tudo o que tenho a esta cidade.*

Mas, naqueles 17 dias, temeu que essa mesma São Paulo tirasse o que ele tinha de mais importante. Quando seus filhos estavam no cativeiro, Expedito sentiu-se personagem de um filme. *Ouvimos falar tanto em sequestros e achamos* que nunca vai acontecer conosco. Até que, de repente, somos sacudidos pela realidade, saímos da plateia e somos projetados para dentro da tela.

O filho mais velho, A., tem a quem puxar. No Dia dos Pais, quando ainda estava no cativeiro, A. parecia mesmo personagem de um filme, ao perguntar a um dos sequestradores se tinha filhos. Diante da resposta positiva, A. deu-lhe os parabéns e um abraço. O gesto tocou os sequestradores, que levaram a carta que o menino escreveu naquele dia a seus pais.

Na lógica da desigualdade sem limites, andam intimamente juntos o máximo de selvageria dos sequestros com o luxo das grifes, como se um dependesse do outro. Dos US$ 700 milhões gastos no Brasil com artigos de luxo, 75% saem da cidade de São Paulo. O mercado chegou a crescer 35% num único ano, levando dinheiro para marcas como Ermenegildo Zegna, Armani, NK Store, Tiffany, Dolce & Gabana, Diesel, Louis Vuitton.

Uma dessas grifes demoliu um dos cenários históricos da música alternativa brasileira, que foi dos palcos mais importantes na vida do pianista e compositor Benjamin Taubkin: o porão de 300 m^2 da casa de número 1.000 da rua Oscar Freire. *É uma história que se fecha*, diz Benjamin, fundador da Orquestra Popular de Câmara. Por achar que os instrumentistas brasileiros não tinham uma gravadora disposta a divulgá-los, Benjamin foi um dos criadores, em 1996, do selo Núcleo Contemporâneo – um projeto tão visível comercialmente como o porão da Oscar Freire. O palco improvisado do porão foi, para eles, uma espécie de misto de vitrine com laboratório de experimentações, tornando-se conhecido por músicos de várias partes do mundo de passagem pela cidade. *Tínhamos à nossa disposição um piano excepcional, o que é raríssimo encontrar num bar.*

O reduto se desfez porque o bar em que era acolhido, o Supremo, não resistiu à proposta da grife espanhola Custo Barcelona, que adquiriu o imóvel. Entre os clientes da marca estão a atriz Julia Roberts e a ex-modelo Claudia Schiffer. Não é exatamente um batalhão fácil de enfrentar por gente interessada menos nas grifes do que na experimentação musical. Benjamin contou que, quando começou a tocar, a referência obrigatória dos instrumentistas brasileiros era o *jazz*. Uma nova geração passou a se inspirar mais nas produções nacionais – e isso se deveu, em parte, à troca de conhecimento que ocorria no piso subterrâneo do Supremo. Para ele, está acontecendo o que chama de a "lei" de Caetano Veloso sobre a cidade, expressa na letra de *Sampa: a força da grana que ergue e destrói coisas belas.*

Nenhuma grife conseguiria exibir com tanta perfeição o *design* de uma comunidade com extremos de pobreza e riqueza como a Daslu, que, em 2005, inaugurou um *shopping center* de 17 mil m² na Vila Olímpia. Em meio a compras, os clientes podem relaxar num champanhe-bar, num clube do uísque, num *spa* ou numa sala de estar ao som da música de

DJs. Vendem-se ali um colar de brilhantes com *lapidação orgânica* por US$ 160 mil e uma Maserati por US$ 320 mil. As vendedoras orgulham-se de dizer que, naquela loja, *está à venda o que de melhor existe no mundo*. A poucos metros do que existe de melhor no mundo está o que há de pior: uma favela, chamada Coliseu, que vive em meio ao lixo e à falta de saneamento básico.

Na virada do século, a cidade tinha mais de dez milhões de habitantes, dos quais três milhões pobres; entre os pobres, metade miserável, o que equivalia a uma renda *per capita* de um quarto de salário mínimo.

Às vezes, a sofisticação das grifes expostas em elegantes vitrines esconde alguns segredos sobre os seres invisíveis.

Numa pequena sala, mobiliada com móveis de fórmica, com um computador antigo, F.C.L., 29 anos, discutia um meio de recuperar três anos de salários não pagos por um ex-patrão. Na sua frente, a advogada Ruth Camacho, que o ouvia em silêncio, sabia que, apesar da justeza da causa, não dispunha de instrumentos legais para ajudá-lo. *É triste*, lamentava ela. Não foram quaisquer três anos perdidos. F.C.L. começava a costurar na oficina de roupas às 6 h e, quase sempre, terminava apenas às 24 h. Morava lá mesmo onde produzia as peças, amontoado, no andar de cima, com mais 25 trabalhadores. Por causa da clandestinidade, o espaço tinha pouca iluminação e ventilação. Muitos caíam doentes, vítimas de tuberculose; logo eram descartados, jogados na rua. A sobrecarga de atividades repetitivas ia gerando um brutal estresse, visível em surtos de agressividade ou insônia.

Eu tinha o hábito de espancar minha mulher e não entendia por que não conseguia controlar a raiva, conta M.G., casado com a irmã de F.C.L. *Depois entendi que tudo aquilo estava me enlouquecendo.* Os três viviam na oficina. *Era duro ver minha irmã apanhando.*

Há testemunhas de que F.C.L. nunca deixava de entregar o serviço; uma delas o acompanha na visita à advogada. Mas pouco pode ser feito legalmente para recobrar o dinheiro da vítima que vive em regime de semiescravidão.

Não se sabe o número exatamente. Estima-se em mais de 30 mil os trabalhadores em regime semelhante ao da escravidão – e isso apenas na indústria têxtil, nas regiões centrais, próximas das mais diferentes esferas do poder. *É comum. E, pior, esse número vem aumentando*, informa Ruth Camacho, que vê passar pela Pastoral do Imigrante, onde presta serviço, muitos latino-americanos, especialmente bolivianos. Por falta de documentos, eles aceitam qualquer emprego e são obrigados a trabalhar, em média, 16 horas por dia, sem nenhuma proteção, muito menos judicial. Não querem aparecer, porque temem ser deportados; por isso, uso apenas suas iniciais nesta história.

Nem sempre os imigrantes aceitam pacificamente a exploração. Jorge Meruvia não suportava mais as pressões e, certo dia, quebrou a oficina em que trabalhava: *Explodi.*

cinco

Na lógica dos contrastes, a cidade abriga de quase escravos a uma mão de obra cada vez mais qualificada. Proliferam os cursos pré-vestibulares gratuitos, os supletivos, as escolas de ensino médio e técnico. O diploma de ensino médio estende-se a 80% dos jovens de até 21 anos, aumentando o número dos candidatos às faculdades; 1,4 milhão de pessoas têm diploma de ensino superior. Isso se reflete no aumento das ofertas culturais e, até, numa conversa de garçonete.

Início da noite, no restaurante Spot, a poucos metros da avenida Paulista. O local estava vazio. A sorridente garçonete aproximou-se. Antes que eu dissesse que, como aguardava amigos, não pediria nada ainda, ela, com ar compenetrado, inclinou-se e, em voz baixa e um tanto constrangida, fez-me um pedido: *Desculpe-me por incomodá-lo, mas preciso de sua ajuda.*

Luciana Gil preparava um projeto para o curso de psicologia social da PUC: uma dissertação de mestrado sobre protagonismo juvenil. Tinha lido alguns dos meus textos sobre o assunto, mas não sabia como me encontrar nem, se me encontrasse, se eu iria atendê-la. Queria orientação sobre experiências bem-sucedidas no Brasil e referências bibliográficas. Com um olho em mim e outro nos clientes que começavam a chegar, Luciana rapidamente tomava nota do que eu lhe dizia. Alegre, agradeceu, despediu-se, mas logo retornou, apresentando desculpas: *Você quer alguma coisa?* Para celebrar a cena, mudei de ideia e pedi uma taça de vinho branco.

Aquela conversa apressada no Spot não é um detalhe isolado, reflete uma comunidade cujo capital humano se aperfeiçoa: afinal, em quantos lugares do país uma garçonete pede ajuda para seu projeto de pós-graduação ao mesmo tempo em que atende os clientes? Esse fenômeno pode ser testemunhado na propagação de cursos de pós-graduação, MBAs e até no cenário improvável de um prostíbulo. Conheci jovens que se vendem para pagar a mensalidade da faculdade.

É por pouco tempo, logo saio disso, dizia Roseana. Depois de concluir o segundo grau no interior de Minas, veio para São Paulo e se inscreveu num curso de artes cênicas – não imaginou que teria de desempenhar o papel de prostituta, inventando nomes e fantasias para ganhar dinheiro. Aos 20 anos, via-se, havia seis meses, sem condições de pagar a escola de teatro e se sustentar.

Uma amiga apresentou-lhe o caminho mais rápido para resolver os problemas, introduzindo-a na rota sofisticada da prostituição paulista. Trabalhando apenas à tarde, Roseana consegue ganhar R$ 4.000 por mês, em média. Seu maior pavor é que alguém a reconheça, espalhando entre os colegas de curso sua vida dupla.

A vida dupla de Roseana não é raridade. O mercado do sexo está aberto para jovens de padrão cultural mais elevado, o que significa nível de ensino superior – um mercado favorecido pelo empobrecimento da classe média, pela popularização do ensino superior e, mais importante, pela ausência de crédito educativo para quem paga mensalidades.

Menina de programa universitária tem alto valor, afirma Oscar Marone, há 20 anos "na noite" e um dos maiores especialistas na prostituição chique paulistana. Ele é dono do bar e boate Bahamas, em Moema, frequentado todos os dias por pelo menos 150 jovens – ao lado do Café Photo, no Itaim, e do Kilt, na região central, o Bahamas é passagem obrigatória das prostitutas universitárias. *As histórias são parecidas. Não conseguem pagar a mensalidade e manter o padrão social de seus colegas. Descobrem que, fazendo programas, podem ganhar a mensalidade em apenas um dia*, afirma Oscar.

Fica sentado aí e você vai ver as meninas chegando com livro debaixo do braço, diz Lilian, que frequenta o Bahamas. Ela tem diploma superior, obtido em Salvador, onde cursou contabilidade. *Saber se comunicar ajuda, já que parte do nosso negócio é ficar conversando.*

Frequentadora do Café Photo e do Bahamas, Alessandra, vinda do interior de Santa Catarina, cursa administração na

UniBan e resume: *Se eu trabalhasse num* shopping, *ganharia R$ 500 por mês. Não paga minha mensalidade.* Loira, com um rosto de modelo profissional, vestido preto justíssimo no corpo, ela diz que, em média, ganha R$ 8.000 mensais; seu *hobby* é pintura abstrata. Por que estuda? *Sei que esse rostinho bonito e o corpo em cima acabam logo. Preciso ter alguma coisa a mais na cabeça para viver.*

O título de universitária é encontrado com frequência nos classificados de jornais, em *sites* da internet destinados à venda de sexo, nas agências que oferecem acompanhantes, nas saunas e casas de massagem. Apenas numa sauna chamada Emanoelle, na rua Augusta, há quatro estudantes universitárias. *É um bico horrível, mas é o que posso fazer,* afirma uma delas, que cursa direito na FMU. *O problema é que, muitas vezes, o bico vira emprego definitivo, elas acabam gostando do luxo,* comenta Oscar.

Marina estudava na Faap, trancou a matrícula e, quando a entrevistei, preparava-se para voltar. Conseguiu manter segredo sobre suas atividades – assim como mantinha segredo sobre as demais colegas que faziam programa na faculdade. *Venho de uma família do Paraná, todos os meus irmãos puderam estudar na faculdade. Logo que puder, junto mais dinheiro e abro um negócio,* comenta Marina, hoje sem marido e com um filho para sustentar. As dificuldades econômicas vieram depois que o marido a abandonou com o filho e não tinha a quem pedir ajuda. *Sei que, sem diploma superior, é difícil se dar bem,* e se dispôs a posar, na frente da Faap, com a roupa que usa para seduzir clientes durante a tarde.

Filha de japoneses, Joana tem a mesma trajetória de Marina. Sem condição de pagar o curso de turismo, começou a se prostituir. Logo percebeu que, além do corpo bonito, falar inglês e espanhol a ajudava a atrair clientes estrangeiros. *É muito grande o número de executivos estrangeiros*, comenta. A seguir, acrescenta: *Duro vai ser ganhar a mesma coisa, mas meu sonho é trabalhar com turismo.*

Elas sentem vergonha de sua atividade clandestina e, ao mesmo tempo, são atraídas pela facilidade financeira. O sonho delas não é apenas ter uma família, mas também sua realização profissional. Roberta estudava enfermagem em Goiânia. *Entrei na enfermagem porque queria trabalhar com crianças deficientes*, lembra. O Café Photo a introduziu na rota chique, na qual ganha mais dinheiro do que imaginou que poderia – mas também passou por perigos, quando um cliente, de revólver em punho, quis matá-la. Naquele dia, ela estava acompanhada de Alessandra. As duas correram e trancaram-se no banheiro do quarto de hotel. Roberta deu um tiro para advertir o agressor de que estava armada. O homem, com medo de que ouvissem os tiros, fugiu.

Estou dando um tempo, mas, quando puder, vou voltar à enfermagem e cuidar de crianças, garantiu, decidida, até lá, a manter o revólver sempre na bolsa.

Enquanto conversava com as prostitutas universitárias, era impossível não fazer comparações com garotas que entrevistei, poucos anos antes, na investigação sobre a exploração sexual de meninas, muitas delas escravizadas na Amazônia. Em alguns lugares faziam-se leilões de virgens.

Compenetradas, oito adolescentes assistiam na sala ao filme *Ben Hur*, transmitido pela TV Globo, admirando a virilidade e a coragem de Charlton Heston, o ator principal, massacrando os soldados romanos. Mas o alto volume de um aparelho de som não permitia que se ouvisse com nitidez a fala dos personagens. Uma das meninas, a menor, de camiseta e bermuda de malha coladas ao corpo, estava deitada de bruços, com o queixo apoiado na mão direita. Todas estavam maquiadas, cabelos penteados – algumas com roupas mais insinuantes, deixando entrever as coxas.

Era uma casa de aproximadamente 200 m², com uma grande varanda, distante 10 km do centro de Imperatriz, no Maranhão – um lugar discreto, cercado por um muro branco alto. Na sala, quatro poltronas em volta da televisão, com um bar no canto. Nas paredes, algum quadro de gosto bem duvidoso. No fundo, os quartos. O relógio da sala marcava 22 h e, fora o rapaz que cuidava do bar, eu era o único homem.

Duas das meninas abandonaram *Ben Hur* e vieram sentar-se ao meu lado: Rose e Kátia (pelo menos são os nomes que me deram), ambas de São Luís, capital do Maranhão. Depois de algum tempo de conversa mansa e fiada, fui direto ao assunto: *Como eu faço pra transar com uma virgem?* A resposta: *Você não prefere meninas mais experientes?*

Logo que cheguei a Imperatriz, de manhã, recebi a informação de que nessa casa há leilões de meninas virgens. A *casa da Dalva*, como era conhecido aquele lugar, recebia a elite local, que corria atrás das moças, a maioria adolescentes e meninas vindas de outras cidades. É compreensível que fosse um lugar discreto e distante do centro da cidade – para chegar lá, era preciso passar por uma estrada de terra e por um atalho. O recato era indispensável, não apenas por receber os "homens de bem" da cidade, mas porque a casa da Dalva se tornou caso de polícia em 1990. Tudo por causa de uma virgem.

Muita gente na cidade sabia dos leilões de virgens promovidos por Maria Dalva Bandeira, ex-professora que, na adolescência, estudou para ser freira. Assim que chegava uma menina "selada" – expressão usada nesses meios –, a cidade era avisada. Quem pagasse mais teria o direito de ser o primeiro. Os homens se aglomeravam no salão. Dalva apresentava a menina bem-produzida, de vestido novo e insinuante, maquiada e de cabelo penteado. Em seguida, a menina voltava para o quarto. E os lances se sucediam, até atingir um valor máximo, geralmente apresentado por filhos de fazendeiros. No dia seguinte, o leilão era o grande assunto dos jovens mais ricos. Deflorar era sinal de *status*.

Tudo ia bem até que uma das vítimas foi a filha de um sargento reformado da Polícia Militar. Furioso, ele exigiu providência imediata da polícia. Em 1990, Dalva teve que depor, acabou presa e revelou o esquema de aliciamento. Ela tinha um aliciador que adquiria a mercadoria nas cidades do interior do Maranhão. *Ele saía pelos povoados e cidades da região procurando jovens de pouca idade, de preferência, virgens. Oferecia bons empregos, bons salários, boa roupa e moradia,* explicou.

Nessa época, a casa da Dalva ficava no centro, na rua Godofredo Viana. Depois, ela preferiu mudar-se para um lugar mais calmo, e era justamente onde eu estava perguntando por uma virgem.

Tem não, informou Kátia, cabelos lisos, pele bem morena, insinuando que ela própria seria uma alternativa melhor à virgem. Insisti em saber como poderia conseguir uma virgem. Disse que dinheiro não seria problema. *Pelo que sei, quando tem uma virgem ou uma menina bem novinha, as pessoas são avisadas pelo telefone e quem der mais leva.*

A conversa prosseguiu. Uma pergunta de Kátia me deixou um tanto desconcertado. Mudando de assunto, ela queria saber: *Você casaria comigo? Sou feia?* Disse-lhe que não era feia – e não era mesmo. Alta, corpo esguio, tinha uma beleza morena, olhos negros e uma boca suave, cabelos caídos até os ombros. Mostrava um sorriso ingênuo e infantil. Informei que era casado, tinha dois filhos e adorava minha mulher. Ela insistiu: *Mas, se você não fosse casado, casaria comigo?* Não queria decepcioná-la, respondi que sim e tentei mudar de assunto. Notei a satisfação em seu olhar. Não entendi a insistência da pergunta. Mais adiante, percebi sua intenção. Perguntei-lhe por que estava lá naquela casa. *Estou procurando marido. Muitas meninas e mulheres viram gente de sociedade, conhecendo seus maridos no puteiro. Tenho esperança.*

Durante toda a jornada pelas regiões Norte e Nordeste, fui coletando essas histórias de invisibilidade.

Aos 11 anos, Maria Aparecida da Silva viu a chance de realizar um sonho: ganhar uma boneca bonita, daquelas que dá para trocar de roupa. Bastava subir na garupa de uma bicicleta. O homem da bicicleta, bem mais velho, prometia satisfazer seu desejo, desde que aceitasse algumas brincadeiras. Ao voltar para casa, não havia recebido o presente prometido. Além da frustração, carregava um segredo: tinha perdido a virgindade. Outro homem tomou conhecimento da decepção de Maria Aparecida. Prometeu: tudo daria certo, desta vez, ganharia a boneca. Pela segunda vez, ela se entregou e, pela segunda vez, nada recebeu. Maria Aparecida, Cidinha, morava no garimpo do Rato, no norte de Mato Grosso. Perdeu os pais e acabou em Alta Floresta, numa creche cuidada pela irmã Maria Aparecida Zeferina, salesiana que passou boa parte de seu tempo entre índios e, agora, dedicava-se a meninas desaparecidas.

À creche da irmã Zeferina chegavam as meninas que já não tinham a quem apelar. Eram meninas como Luciana Fátima Pinheiros, que, revoltada com o fato de a mãe levar homens para casa, tinha resolvido ir embora. Para sobreviver, fora obrigada a fazer aquilo que condenava na mãe.

Cidinha não gostava de contar sua história; confiava suas revelações à irmã Dineva e à irmã Zeferina. Quando chegou à creche, estava abatida, deprimida. Não saía da frente da televisão. Ficava em silêncio e chorava muito. *Quero morrer, a vida é muito ruim*, repetia. Uma tarde, Cidinha exibia um aspecto melhor. Estava sorridente. Tinha sido adotada por uma família de Alta Floresta, onde não lhe faltaria nada. Nem bonecas. A irmã Zeferina lembrou-se de quando Cidinha acordava no meio da noite, suando, pedindo ajuda. O trauma da perda da virgindade era um dos assuntos que sobressaíam nas entrevistas. Para elas, o sexo era uma fonte de ameaça e não de prazer. Em nossas conversas, percebíamos com que dificuldade as meninas se abriam para falar da primeira relação sexual. Até porque, para muitas delas, a primeira vez tinha acontecido em casa, atacadas por um parente, diante de uma mãe passiva.

Por causa da virgindade perdida, Tatiane Cristina de Souza tornou-se até motivo de aposta. Quando tinha nove anos, conheceu o ato sexual, forçada por um homem que a agarrou com força. Até então, nunca tinha sequer beijado na boca. A aposta aconteceu numa boate, quando uma amiga contou a dois rapazes que aquela garotinha com cara de anjo e cabelos encaracolados não era mais virgem. Ambos duvidaram e resolveram fazer uma aposta.

A dúvida foi esclarecida no banheiro da boate, onde Tatiane se encontrava, embebedada. Os rapazes perderam a aposta, mas ganharam o prazer de transar com uma menina nova e ingênua. Essas informações não foram passadas a mim, marcado talvez pela imagem masculina que transitou pelo banheiro fétido de uma boate de Alta Floresta. Foram liberadas, depois de horas de conversas, à fotógrafa Paula

Simas e à irmã Dineva, após um banho de piscina no hotel, batata frita e um imenso sorvete de chocolate com cobertura.

Enquanto se lambuzava com o sorvete, que lhe formava um bigode de chocolate, Tatiane contou que a mãe fazia programas e era amigada com um sujeito de Apiacás, no Mato Grosso. Não gostava dele, de quem apanhava com o consentimento da mãe. Um dia, a mãe retornou a Alta Floresta, sozinha, acompanhada apenas de Tatiane. Tempos depois, decidiu voltar para Apiacás. *No dia da mudança, fugi. Minha mãe nunca mais me procurou*, contou, desfazendo-se no sorvete.

Como qualquer menina, ela dizia sonhar com uma família. Perguntei-lhe como deveria ser o pai ideal. Ela pensou, pensou, e respondeu: *O pai deveria bater apenas nas horas certas*. Em nossa mesa, naquela noite, Ivonete Dias dos Santos ouvia a conversa e preferia manter-se em silêncio. Como Tatiane, só aceitava contar a "primeira vez" para Dineva e Paula. Ela confidenciou que trabalhava na cozinha de uma boate na zona do garimpo. A dona do estabelecimento, Creocione, disse-lhe que poderia mudar de vida, ganhar mais dinheiro. Bastava dormir com homens, aceitando perder a virgindade. Para a primeira noite, ganhou roupas novas, perfumou-se e foi anunciada como atração. Bebeu tudo o que podia. Dois homens a levaram para o quarto – apenas um deles ficou. Só soube exatamente o que tinha acontecido na manhã seguinte, ao acordar: *Tinha uma mancha de sangue no lençol.*

Relatos como o de Ivonete tornaram-se tão correntes nas regiões de garimpo que estudantes da Universidade Federal do Pará fizeram uma investigação em 1991. Temendo represálias, pediram que eu não citasse nomes, já que havia quadrilhas especializadas em tráfico de meninas em Santarém, onde moravam. Segundo o depoimento de uma virgem escravizada em Itaituba, um rapaz lhe oferecera um bom salário para um trabalho simples. Deveria apenas fazer companhia à mulher de um homem rico, que viajava muito, ajudando a reduzir a solidão dela. O intermediário convenceu o pai da menina e, confirmado o trato, deixou o primeiro pagamento adiantado. *Quando cheguei lá, começou meu drama. O patrão começou com uma conversa fiada, me agarrando, resisti. Ele tentou três vezes, e eu resistindo. Na quarta vez, eu estava no meu quarto. Ele entrou de surpresa e trancou a porta, me agarrou e tampou minha boca. Ele gritou: "Você é minha, paguei muito caro por você". Aí, lutamos pau a pau, ele me deu muitos tapas na cara, fez eu desfilar pelada. Ficou feito uma fera. Me trancou no quarto e saiu. Horas depois, me soltou e mandou eu tomar jeito. Fiquei desesperada, procurei como fugir, mas a casa estava cercada de caras armados. Fui vencida e me tornei mulher do cara. Passei vários meses naquela escravidão, ele me dava roupas, perfumes, cosméticos, menos dinheiro ou joias, com medo de que eu fugisse. Ele tinha um prostíbulo mais adiante. Certo dia, teve um quebra-quebra lá. Ele ficou preocupado e passou uns dias escondido no mato. Aproveitei o fuzuê e fugi com um amigo meu.*

Encontram-se facilmente em São Paulo histórias de violências contra meninas tão ou mais chocantes do que as das virgens de Maranhão, Pará ou Mato Grosso.

Ex-viciada e ex-traficante de *crack*, Esmeralda Ortiz se descobriu uma sobrevivente solitária quando começou a escrever sua história de vida. Ao remexer e ordenar o passado, procurou os amigos com quem se viciou, traficou e assaltou, companheiros de inúmeras prisões e de noites dormidas nas ruas. Estavam mortos, presos ou mentalmente incapacitados, vítimas da devastadora onda do *crack*. Esmeralda faz parte de uma estatística divulgada pela faculdade de medicina da Universidade de São Paulo, baseada no estudo de 270 viciados em *crack*: 87% se envolveram em atos violentos, 62% admitiram ter roubado. Segundo essa pesquisa, 92% relataram sintomas de doenças respiratórias e 84% de doenças cardiovasculares. A imensa maioria citou ter passado por depressão e surtos de paranoia. Os pesquisadores constataram como era rotineira a tentativa de suicídio.

Sobrevivente da geração *crack*, Esmeralda investigou seu passado com a seguinte dúvida: Por que escapou do destino de seus amigos? Voltou à cadeia para falar com os amigos, colheu prontuários nas prisões e clínicas psiquiátricas por onde passou, entrevistou terapeutas e assistentes sociais que a acolheram. Dessa pergunta, surgiu o livro, misto de diário e acerto de contas pessoal, intitulado *Esmeralda: Por que não dancei*.

Diziam que eu não tinha jeito, estava perdida. Eu mesma achava que não tinha jeito, escreve. Como a maioria daqueles que entraram no *crack*, imaginava-se mais forte do que a droga. *Eu pensava que em mim nunca ia entrar essa de* crack, *porque via os meninos do* crack *descabelados, sem tomar banho, se humilhando por causa de uma pedra.* Não resistiu. *Cada vez que eu usava, mais eu queria. Eu vivia para usar e usava para viver. Às vezes, ficava uns dois meses sem tomar banho.* A delinquência tornou-se, então, obrigação. *Eu roubava qualquer um que estivesse na frente. Às vezes, ficava com tanta fissura que via um policial parado na minha frente e ficava pensando em dar um bote na arma, sair correndo e trocar por uns cinco papéis.* Vender virou a saída para comprar *crack*. *Os traficantes me disputavam, porque eu vendia muito e pagava para eles.*

Na rua desde os oito anos, quando fugiu de casa por não suportar a violência da mãe e o abuso sexual do padrasto, conheceu a estrutura de poder das gangues se misturando com a dos policiais, o implacável código de silêncio – cujo desrespeito implica a morte – e, depois, o código brutal da Febem. Em pouco tempo, sentia-se refém da droga. Magra, cabelo raspado, andava armada. *Estava vendo meus amigos morrendo ou sumindo. Eu vegetava, não tomava banho, ficava fedida.* Sentindo-se sem alternativa, desejava a morte, supunha que uma *overdose* liquidaria a angústia. Mas, ao mesmo tempo, queria se livrar da droga. *Estava conformada com a morte, mas, às vezes, eu rezava do meu jeito, pedia pra Deus me ajudar a sair daquela vida.*

Aquele lado que ainda tinha uma tênue esperança de saída fez com que se aproximasse, lentamente, de educadores do Projeto Travessia, no centro de São Paulo. Viveu então altos e baixos, mais baixos do que altos, com as frequentes recaídas. Frequentou sessões de terapia oferecida pelo departamento de psiquiatria da Universidade Federal de São Paulo. *Tive de perdoar meu passado, para poder me perdoar*, escreve em seu livro. Na busca de apoio e cumplicidade, associou-se a grupos de viciados que procuravam tratamento, internou-se para desintoxicação, participou de oficinas de arte, voltou para a escola, arrumou uma casa. Descobriu sua paixão pela comunicação, o prazer de escrever poesias para músicas e a vontade de escrever um livro. Foi construindo a autoestima. Sem saber, montou, no livro, um roteiro de recuperação de drogados. *Eu tinha medo de me aproximar das pessoas. Eu me rejeitava com medo de ser rejeitada, tinha raiva de tudo*, conta. Na sua reconstrução psicológica, vivenciou o prazer de se comunicar – e, aí, segundo ela, reside uma das principais razões por que não dançou. *Escrever pagode e poesia, pra mim, era a liberdade de expressão de sentimento, porque eu não conseguia falar pra ninguém o que eu sentia, eu queria me comunicar por meio da melodia, a música rompia a solidão.*

Ao voltar no tempo, apareceram o arrependimento e a culpa. *Cometi muitas insanidades. Prejudiquei muitas pessoas. Às vezes, passo na rua e vejo as pessoas que eu já roubei, que já maltratei. Não tenho vergonha. Olho nos olhos delas e peço desculpas.* Voltou a estudar e a ganhar dinheiro honestamente. *Às vezes, fico me remoendo, me dá uma vontade horrível de usar droga. Mas segura a vontade,* porque pensa no que sofreria de novo. *Descobri a felicidade nas pequenas coisas. O chuveiro com água quente, a cama, minha casa, meus amigos, ouvir música. Adoro ouvir música.*

Fez vestibular para um curso de comunicação, sem acreditar que seria aprovada. Escreveu mais um livro infantil sobre as brincadeiras de rua. Da última vez que a vi, estava animada com a possibilidade de escrever sobre o "Tio Barbudo" – mais um dos invisíveis com uma boa história para contar.

José Aparecido, o Tio Barbudo, estudou em colégio de padres salesianos até a terceira série do ginásio, de que guarda valiosos exemplos de vida. A mãe queria que ele fosse padre, mas o rapaz tomou, literalmente, o caminho da rua. Fugiu de casa, em Campinas, e chegou a São Paulo caminhando e pegando carona. Desde então, considera-se um sem-teto.

As crianças sempre sabem onde encontrar Tio Barbudo e o procuram para pedir ajuda ou simplesmente para dormir perto dele e escutar suas histórias. Ele estima que uma centena de meninos abandonados tenham cruzado seu caminho. Tio Barbudo, no entanto, lembra com pesar um episódio marcante nessa trajetória. Ele fora com suas crianças à festa de Nossa Senhora de Achiropita, no bairro do Bexiga. Lá, o alto-falante anunciou um banquete gratuito para os meninos e meninas presentes. Uma conhecida da igreja levou as crianças dele até o local, mas logo retornou, explicando que não poderiam entrar: a comida era apenas para "gente de família" e eles eram de rua. *O menor pobre quer se realizar, quer ser, mas não pode, porque o dinheiro não dá, porque seu horizonte social é muito estreito. Então, ele entra numa espiral de humilhações.* Tio Barbudo acredita que sabedoria é adaptar a vida à própria sorte. *Herói é aquele que cumpre seu dever, mesmo quando tudo está ao contrário.*

Esmeralda tinha como seu grande projeto fazer do Tio Barbudo um personagem conhecido. *Antes, vou fazer um TCC com ele* – usou as iniciais de "Trabalho de Conclusão de Curso" como algo que já fazia parte de sua rotina.

seis

A universitária Esmeralda, ex-menina de rua, fazia parte dos personagens que se encaixavam no ambiente de alegre resistência da Vila Madalena, onde fui morar.

A Vila como a conhecemos hoje – reduto de boêmios, descolados, intelectuais, artistas e das mais variadas tribos de alternativos – nasceu na década de 1980. Até aquela época, a boemia paulistana tinha sede no Bexiga, onde a língua oficial, durante muito tempo no século passado, foi o italiano. Antes disso, servira, o bairro e suas matas, de refúgio para escravos fugidos. Dizem que lá teria nascido o sotaque paulistano italianado. O Bexiga compunha-se de casinhas – uma delas ocupadas por Meneghetti – e cortiços que se entrelaçavam. Tal geografia permitia que os marginais se sentissem razoavelmente seguros; marginais, no caso, eram os batedores de carteira, profissionais que, habilidosos, surrupiavam carteiras com mãos leves. Apareceram no Bexiga as cantinas, que ensinariam a gerações os prazeres da culinária italiana, e os barzinhos, que enchiam à noite, tudo isso em meio a uma intensa atividade teatral. Como muitas das referências paulistas, o Bexiga, pouco a pouco, foi perdendo clientes e foi sendo substituído pela Vila Madalena.

Nos primeiros 30 anos do século passado, só se chegava à Vila Madalena a pé ou a cavalo. Depois de mais 40 anos, não passava de um acanhado povoamento de casas térreas, habitadas em sua maioria por portugueses. Na frente do número 915 da Fradique Coutinho, que hoje exibe a placa sobre o último "trabalho" de Meneghetti, passava o bonde. O menino Antônio Ivo Pezzotti distraía-se com a atitude de "seu" Waldemar, o condutor do bonde, que parava em qualquer lugar, tivesse ou não ponto – privilégio garantido por ser amigo do vigário.

Nas suas recordações, Antônio contava sobre Waldemar brecando subitamente para que Marisa, uma jovem de tranças douradas e uma trouxa de roupa na cabeça, subisse. *No ponto da esquina com a Aspicuelta, um homem alto e muito magro, vestido de terno e gravata, esperava o bonde. Absolutamente imóvel, parecia um monumento. Não fazia sinal. Mas seu Waldemar conhecia bem o homem. Sabia que ele tinha alguns parafusos a menos e por isso tinha o direito de não fazer sinal. Seu Waldemar tinha aprendido com o avô que é preciso respeitar os loucos, porque eles é que estão certos. Esperava pacientemente que o homem subisse. Era um ritual o embarque do louco.*

Para a alegria dos boêmios e desespero dos moradores, aquela calma se desfez para dar lugar a um bairro que passou a ser frequentado, à noite, por pessoas bem mais doidas – e muito mais ruidosas – do que o passageiro do seu Waldemar. Na década de 1970, a ditadura fechou a residência dos estudantes transgressores da Universidade de São Paulo.

Nas proximidades da USP, eles acabaram se encontrando na Vila Madalena, região com jeito provinciano e, mais importante, aluguéis baratos. Surgiu na rebeldia estudantil a imagem de bairro alternativo, que misturava artistas e *hippies*. Depois chegariam os exilados das ditaduras da Argentina e do Chile. A boemia seria apenas uma consequência para aqueles amantes de festa e de noitada. As casinhas e suas edículas abrigariam ateliês de pintores, escultores, *designers* de joias, roupas, móveis e brinquedos; estúdios de fotografia e produção de vídeo; centros dos mais variados tipos de massagens e terapias da Índia ou da China.

Um dos mais importantes "vilamadalenólogos", Ênio Squeff, pintor e crítico de música, registra que o primeiro boteco boêmio – o Sujinho – só apareceu em 1978. O nome oficial do estabelecimento, que não pegou, era o americanizado *Snack*, num contraste com os nomes das ruas: Harmonia, Girassol, Fidalga, Original, Purpurina, Simpatia. No Sujinho, marcariam presença Raul Seixas e Arrigo Barnabé, tomando uma cerveja. *Os locadores não exigiam qualquer papel para que os sujeitos com suas barbas e as mulheres com suas vastas cabeleiras se instalassem em seus imóveis. Bastava a palavra*, relata Ênio, gaúcho, morador da Vila desde o começo da década de 1970.

Um dos personagens típicos da Vila é o músico baiano José Luís Pena. Veio para São Paulo em 1973 atuar na peça *Hair*, em que os atores – incluindo a atriz iniciante Sônia Braga – ficavam nus no palco, o que, na época, era um escândalo. Pena manteve a barba e o rabo de cavalo, saiu dos palcos e adentrou na política. Claro, como era previsível para alguém da Vila, no Partido Verde, que presidiu.

Apesar da especulação imobiliária, a Vila Madalena continua a ser um espaço diferenciado na cidade, onde ainda se consegue apreciar, ao final de tarde, crianças brincando na rua, senhoras conversando na calçada. Convivem ali, entre as ladeiras, provincianismo e cosmopolitismo, manifestos na arte do compositor e dançarino pernambucano Antônio Nóbrega, ao exibir, em seu teatro *Brincante*, uma coreografia inspirada nos movimentos da capoeira, ao som de Bach; ou num improviso de Wynton Marsalis com tocadores de chorinho, divertindo-se no Crisantempo, um galpão de ensino de dança contemporânea.

Um dos sócios desse galpão é Guga Stroeter, um mapa vivo dos roteiros alternativos paulistanos. Estudou no Colégio Equipe nos tempos do regime militar, desbravou as praias de Ubatuba e do sul da Bahia. Fez psicologia na PUC e preferiu seguir a carreira de músico. Ajudou a formar bandas fora do circuito comercial e tocou junto com Caetano Veloso, Milton Nascimento e Rita Lee. Abriu casas de *show* com espaço para experimentação, como o Blen Blen. Ajudou a desenvolver uma incubadora de artistas das mais diversas formas de expressão como teatro, música, literatura, artes plásticas, multimídia, fotografia – todas se alternando, em diferentes dias da semana, no mesmo espaço em que os artistas aprendem, ensaiam e se apresentam. A aposta de Guga é a de que faltam palcos para os experimentadores mostrarem seu trabalho sem custo e, assim, conseguirem visibilidade. Daí nasceu a proposta desse misto de centro cultural com incubadora, batizado de Studio SP, que só podia estar na Vila Madalena. Na visão de Guga, ali, *o alternativo faz parte da rotina. O bairro não se espanta nem se choca, só atrai.*

A mistura de provincianismo com cosmopolitismo aparece até num surfista, como é o caso de Gregório Motta. Ele tinha optado pelo curso de desenho industrial, mas estava indeciso se queria mesmo entrar naquela faculdade. Não conseguia ver como ganharia dinheiro, uma vez formado (se fosse até o final). Parecia-lhe desperdício de energia desenhar produtos comerciais para serem fabricados em série. Amedrontava-o a perspectiva de usar roupas formais; só gostava de andar de camiseta, bermuda e sandália ou tênis. Tinha pavor especialmente da rotina e de ficar recebendo ordens.

Salvou-se porque, desde pequeno, acompanhava o pai – Carlos Motta, *designer* de móveis e surfista, cuja marcenaria fica na Vila Madalena – pelas mais diferentes praias do mundo, do litoral de São Paulo até a Indonésia. *Viajar pelo mundo era encontrar praias.* Como era previsível, virou surfista. Além de seguir a paixão paterna pelo mar, ele prestava atenção nos móveis que o pai construía.

Com o diploma na mão, não sabia por onde começar. *Não tinha imaginado que, na faculdade, sem saber, estava o encontro do desenho industrial com as ondas.* Como viajava para o Havaí para se divertir nas ondas, conheceu algumas oficinas em que se produziam pranchas artesanais. Não lhe parecia difícil fazer pranchas, e aceitou encomendas de amigos surfistas. Pouco a pouco, foi ganhando clientes. *Não me incomodava perder tempo em cada prancha, queria mesmo um trabalho artesanal.* Montou seu próprio ateliê, para atender os poucos pedidos. Com a proximidade das férias, sem que tivesse feito nenhum plano de negócios e despreocupado com margens de lucro, percebeu que já não dava conta do crescente número de encomendas. *Prefiro não mudar de ritmo.* Nem mudou seus planos de passar as férias no Havaí, onde aprendeu a mesclar dever e lazer, fazendo estágio na oficina de um dos maiores *designers* de prancha de surfe de lá.

Grudada no ateliê de Gregório, vemos uma oficina de crianças cientistas chamada "Tempo e Espaço". Seu criador é o professor de *marketing* industrial da Fundação Getúlio Vargas, José Carlos Teixeira Moreira, disputado consultor de empresas nacionais e multinacionais. Mas ele gosta mesmo é de ajudar as crianças a inventar brinquedos. Dos projetos rabiscados nas pranchetas com a ajuda de engenheiros, alguns deles aposentados, saem aviões, robôs, marionetes controladas por computador e até um *kart* com motor elétrico. Ou, simplesmente, carrinhos de madeira e bonecos de pano. *Os empresários ficam impressionados com as engenhocas desenvolvidas*, orgulha-se José Carlos, que, quando criança, adorava construir aviões com o pai e, já adulto, divertia-se consertando os brinquedos dos filhos dos amigos.

Seguindo pela Aspicuelta em direção à Fradique Coutinho, encontramos brinquedos bem menos sofisticados, desprovidos de *chips*, mas com uma boa história para contar. Desempregada, Joyce cortava gastos sem parar. Logo no primeiro mês, cortou a assinatura de uma revista e deixou de ir ao cinema – *um dos meus prazeres prediletos*. Parou de ir a restaurantes e desistiu do plano de saúde. Resistiu o quanto pôde, mas cedeu: nada lhe doeu mais do que ter de deixar a faculdade de psicologia. *Isso para mim era o fim da linha.* Quase não tinha mais nada para reduzir em seu orçamento, quando foi salva por uma brincadeira de infância e acabou virando empresária.

Negra, de olhos castanhos (*a cor dos olhos é herança de meu avô, que veio do Egito*), Joyce cresceu com uma avó que lhe fazia, com meias velhas, bonecas negras. As primas e primos, além de alguns amigos negros, seduziam-se pela destreza daquela habilidosa avó, com suas originais bonecas. *As bonecas faziam um sucesso danado.*

A boneca virou, na família, mais um detalhe para discutir preconceito racial. *Só havia bonecas brancas, quase sempre loiras.* A própria Joyce sentiu, diversas vezes, o peso da cor. Certa vez, a professora pediu que os alunos trouxessem um recorte de jornal ligado à profissão que gostariam de seguir. Joyce levou uma propaganda com a foto de uma aeromoça. Seja por preconceito, seja por sentir que a menina estava fantasiando um futuro impossível, a professora deu-lhe, ali mesmo na classe, a foto de uma mulher negra para incluir em seu trabalho. Era a foto de uma empregada doméstica.

Nunca mais me esqueci daquilo; era como se uma negra só pudesse ser empregada doméstica.

Padecendo havia 12 meses em razão do desemprego, inspirou-se na avó e chamou a família para ajudá-la a criar bonecas negras, quem sabe ganharia algum dinheiro. *Ia para tudo quanto era canto vendendo meu produto.* Com o pouco que juntou, resolveu fazer uma aposta: abriu uma loja numa garagem de menos de 15 m².

Lentamente foi chegando a clientela, na onda do politicamente correto e, mais que isso, em decorrência do crescimento da classe média negra. Significava mais dinheiro para seus negócios, sobretudo para voltar à faculdade. *Fui salva por uma brincadeira.*

Na mesma rua das crianças cientistas, das bonecas politicamente corretas e do surfista cosmopolita, Kátia Vasconcelos ensina, em seu minúsculo ateliê, como os diferentes tipos e cheiros de velas conseguem alterar seu estado de espírito. Na frente desse ateliê, oferece-se um banho de ofurô, depois de uma massagem feita por um psicanalista convencido de que combinar toques no corpo e conversas é um remédio para distúrbios mentais.

Negras de olhos castanhos, surfistas *designers*, ex-meninas de rua fazendo faculdade compõem uma divertida galeria de tipos humanos. Além de me sentir seguro de que teria condições de manter o hábito de andar a pé, a Vila Madalena, com esse clima de alegre resistência, serviria para mim como um laboratório de aplicação de experiências de revitalização comunitária. Além da boemia, o bairro e seu entorno aglutinam algumas das mais importantes organizações não governamentais não só de São Paulo, mas de todo o país. Nessa geografia do Terceiro Setor, aglutinam-se entidades como Cipó, Doutores da Alegria, Abrinq, Ethos e Cenpec, Ashoka, Cidade Escola Aprendiz e Sou da Paz.

Da Vila, sai a Expedição Vaga-Lume, um grupo de três jovens que viajam por povoamentos isolados da Amazônia para implantar bibliotecas em escolas públicas, treinar professores e mobilizar a comunidade para transmitir às crianças o encantamento pela leitura. Na aventura de levar a luz das letras pela floresta, Sylvia Guimarães, Maria Tereza Meninberg e Laís Fleury conheceram a miséria das escolas ribeirinhas – não tinham nem mesmo lousa e giz. Livros com histórias infantis eram artigos tão distantes quanto um computador conectado à internet. Conseguiram o patrocínio de uma empresa financeira e até o apoio de presidiários de Belém. Com a garantia de que ganhariam redução na pena, se ajudassem a fabricar as estruturas para guardar os livros, os detentos aderiram à expedição. A sala de visitas da prisão recebeu um presente: uma biblioteca infantil e uma brinquedoteca para alegrar a visita dos filhos dos presos.

Nesse ambiente de experimentação comunitária, crianças e adolescentes, aproveitando a vocação da Vila para as artes, recuperaram praças, postes, muros e calçadas pintando, grafitando ou fazendo peças de mosaico. Estabeleceram, então, uma relação diferente, produtiva, com seu entorno, no qual se imaginam responsáveis e autores. Justamente nesse exercício colocaram as bolas de gude no bar sem nome da Belmiro Braga. Todos avaliaram que logo seriam arrancadas – como foram arrancadas as dezenas de bolas de gude colocadas meses antes numa praça do bairro. Valia, porém, como teste de sobrevivência.

Para mim, a Vila não é um bairro, mas uma metáfora de resistência encravada em um local de 1,5 km² e 20 mil habitantes em uma cidade de 1,5 mil km² e quase 11 milhões de habitantes.

sete

Nos meus passeios pela Vila Madalena, tropeçava em personagens, alguns dos quais iam parar na coluna Urbanidade, compartilhada com o artista plástico e *designer* italiano Vincenzo Scarpellini, cujo prazer era desenhar São Paulo. *Designer* formado na Itália, Vincenzo, que morava num amplo apartamento da avenida São Luís e apostava na recuperação do centro, tornou-se tema da coluna – e por um péssimo motivo. De repente, ele mesmo se viu personagem anônimo, num hospital, obrigado a aprender a resistir.

Vincenzo vinha emagrecendo nos últimos meses, mas estava tranquilo. Afinal, seguidos diagnósticos indicavam que tudo não passava de uma gastrite. Os remédios pareciam não fazer efeito. Perdeu 12 quilos. Até que um professor da faculdade de medicina da Santa Casa – Antônio Gonçalves – desconfiou de algo mais grave. Estava certo. *Venho de uma família em que a palavra câncer nem sequer era mencionada*, recorda-se Vincenzo. Iniciou tratamento quimioterápico, a fim de se preparar para a retirada do estômago. *Sei que é um chavão, mas a gente sempre imagina que isso só acontece com os outros. Depois* do baque psicológico e de dias de depressão, preferiu não se esconder. *Falar é um jeito de enfrentar a doença.* Decidiu ir além das palavras. Participando do cotidiano das vítimas de câncer, ao receber os medicamentos no hospital, entrou numa dimensão que lhe era desconhecida. *É um mundo paralelo, quase invisível.* Vincenzo, que muitas vezes desenha personagens anônimos, preferiu não se render à invisibilidade da doença. *Desenhar é a minha forma de reagir e aprender com a dor.*

Na sua luta, Vincenzo resume um ângulo que me orienta jornalisticamente ao escrever sobre São Paulo: o da resistência contra as dores de uma cidade. Na resistência individual ou de grupos com histórias para contar se revela a melhor paisagem paulistana: a diversidade e uma permanente efervescência. O paulistano, como o vejo, sempre tem um projeto novo cabeça. Em quantos lugares podemos encontrar um psiquiatra que decide ser palhaço?

Depois de passar nove anos na Universidade de São Paulo, Frederico Galante formou-se em psiquiatria e começou a tratar pacientes internados em hospitais públicos. Aposentou por algumas horas os antidepressivos e ansiolíticos e passou a receitar risadas. Tornou-se palhaço para uma plateia de psicóticos, deprimidos, alcoólatras, esquizofrênicos. *Acho que, enfim, me encontrei.*

Quando ainda era estudante de faculdade, Fred tinha uma forte atração pelos palcos teatrais. Nas suas crises existenciais, pensava que talvez fosse mais feliz se seguisse a carreira de ator. *Mas também gostava da ideia de ser médico.* Ao optar pela psiquiatria, procurou atalhos entre a saúde mental e o teatro. Testou o psicodrama. *Não gostei.* Sem maiores pretensões, iniciou um curso de formação de palhaço. *Foi uma paixão fulminante.*

Passou-lhe pela cabeça não a ideia de trocar a psiquiatria pelo circo, mas a possibilidade de conciliar as duas atividades – o que, para alguns de seus colegas, sugeria que aquele psiquiatra talvez precisasse de tratamento psicológico. Fred sabia da existência de um movimento de palhaços que fazem intervenções nos hospitais. *Fui procurar exemplos de psiquiatras-palhaços que trabalhassem com pacientes com distúrbios mentais.* Não encontrou. Então, montou uma dupla com um palhaço que já tinha trabalhado em hospitais – Luis Fernando Bolognesi – e começou a visitar as vítimas de distúrbios mentais internadas no Hospital João Evangelista. Desde então, está escrevendo relatos sobre sua experiência. *Estou aprendendo que a figura do palhaço abre um canal de comunicação capaz de facilitar o tratamento.* Essa abertura, segundo ele, auxilia na atuação dos médicos e psiquiatras que tratam daqueles pacientes.

Por onde vai e conta a experiência, Fred ouve a seguinte pergunta: Os pacientes não veem naquela figura de nariz vermelho, pintada, que faz brincadeiras, uma espécie de delírio? Ou então: Mais um paciente internado para se tratar? Em muitos casos, segundo Fred, talvez. Para a maioria, conta, o palhaço é uma figura universal que, ao brincar com a imaginação, sempre esteve acima da realidade.

Desse ângulo da resistência, uma festa para comemorar a abstinência alcoólica vira uma história sobre São Paulo.

Antonio Maschio não sabe quando começou a beber – *tenho a sensação de que sempre bebi* –, mas sabe exatamente o ano, o dia, o mês e a hora em que parou de beber: às nove horas de 14 de março de 1984. Ao se internar para tratamento, tinha tocado no limite da autodestruição. Na terça-feira de Carnaval daquele ano, tomara sete garrafas de vodca. Foi encontrado pelo jornalista Matinas Suzuki debaixo de um carro estacionado, falando frases incompreensíveis, e foi levado às pressas ao hospital. Aparentemente, porém, não tinha motivos para se matar.

Ator e produtor teatral, Maschio criou na rua Augusta o Pirandello, um restaurante em que se juntavam as mais diversas tribos, de esquerda e de direita, passando por artistas, intelectuais e recatadas senhoras, além de uma fauna de alternativos. Pela primeira vez, os *gays* conquistaram um ponto de encontro fora do gueto homossexual. Em 1984, a notoriedade do local era tamanha que fez surgir o livro *Contos pirandellianos: Sete autores à procura de um bar*. Escritores como Mário Prata, Caio Fernando Abreu e Ignácio de Loyola Brandão fizeram do Pirandello inspiração para seus contos.

No cenário de diversidade radical, no qual Maschio se postava no centro da festa, insinuava-se a São Paulo do futuro. Nela, o PSDB (ainda não nascido) e o PT (recém-criado) – cujos personagens habitavam o restaurante – tomariam o poder, e os *gays*, com suas gigantescas paradas, tomariam as ruas. *Sempre tive uma paixão enlouquecida por esta cidade.*

Além da euforia, Maschio corroía-se silenciosamente numa persistente melancolia. Filho de pai viciado em jogo, ele veio ainda criança do interior para São Paulo, onde morou num porão. O pai morreu cedo, deixando-o como arrimo de família. O menino pobre, obeso e homossexual persistiu vivo nas dores do adulto que se aliviava na bebida. Ao ser levado para tratamento, pesava 140 quilos e sentia-se em fim de festa. *Pensei que tudo estivesse acabado.*

Para marcar os 20 anos de abstenção, ele preparou uma festa incomum. Cardápio: bolo, café, sanduíches, guaraná e brigadeiro. Diferentemente da maioria das festas, começou no café da manhã. Mais precisamente, às nove horas.

A luta pessoal de João Carlos Martins foi a de não se sentir abandonado pela música. Considerado um dos mais importantes intérpretes de Bach no mundo, o pianista estava sozinho em casa. Dirigiu-se à cozinha, pegou uma faca bem afiada e estava decidido a cortar os pulsos. Atacaria as mãos que lhe deram tanto prazer e tanta dor. Naquele momento, ele se sentia nulo. *Não tive coragem. Mas minha vida não tinha mais sentido.*

A paralisia apareceu primeiro na mão direita. Os dedos foram, aos poucos, quase em câmera lenta, perdendo o movimento. Mas ele não desistiu: dedicou-se a infindáveis ensaios para executar obras apenas com a mão esquerda e voltou aos palcos diante de plateias perplexas. O pior ainda estava por vir. Como se a maldição não se desse por satisfeita, um tumor inutilizou também a sua mão esquerda. *Não sobrou nada*, resigna-se. Foi aí que pensou seriamente em se matar.

Como não podia mais tocar, foi estudar regência, montou sua própria orquestra, voltou a gravar e viajar pelo mundo. Incluiu entre seus projetos trabalhar com pessoas supostamente irrecuperáveis – e cujas mãos serviram para esmurrar. Passou a dar aulas a adolescentes da Febem. *É incrível o prazer de vê-los descobrindo os sons e, com isso, descobrindo a si mesmos.* Para que se conheçam e se valorizem, os adolescentes são ensinados, nas primeiras aulas, a tirar sons do próprio corpo, tão acostumado a bater e a apanhar. *Eles aprendem que a música está em qualquer lugar, a começar de si próprios,* diz João Carlos Martins, que, entusiasmado com a experiência, procura talentos perdidos.

Nessa cidade sem calçadas, dominada pelos automóveis e atacada por marginais, até andar é um ato de rebeldia.

O romeno Lucian Rogulski percorre a pé diariamente, há mais de 20 anos, muitas vezes à noite, o trajeto entre seu apartamento, no largo do Arouche, e o Teatro Municipal, onde é o primeiro violinista da Orquestra Sinfônica. Em todo esse tempo, conseguiu a proeza de nunca ser assaltado em seu cotidiano de andarilho. *Eu me sinto em casa andando pelas ruas do centro.* Lucian está acostumado a mudanças de ambiente. Saiu da Romênia e fixou-se em Teerã, sempre como violinista.

A agitação política do Irã, com seus fundamentalistas religiosos, nada interessados na cultura ocidental, levou-o à Alemanha, onde foi primeiro violinista da Orquestra Municipal de Heidelberg, até que foi convidado a tocar com a mulher (violinista) e a filha (violoncelista) na Orquestra Sinfônica do Teatro Municipal. No Brasil, a família virou o Trio Rogulski. *Sempre quis morar fora da Europa, mas não sabia que iria me adaptar tão bem a São Paulo. Esta cidade me lembra muito algumas cidades romenas.*

Adaptou-se tanto que passou a estudar músicas indígenas e a tocá-las em seu violino. A combinação exótica dos acordes eruditos com a tradição indígena fez com que ele, ao lado de sua atual mulher, a cantora Marlui Miranda, fizesse excursões pela Europa.

A rebelião de Guilherme Bara é contra a cegueira – e se fez visível. Não quer usar bengala e opta por desafios difíceis mesmo para quem enxerga normalmente. Pratica rapel, *rafting* e corridas de longa distância, como a São Silvestre. É normal que também se ache em condições não só de frequentar escolas de samba, mas também de ajudá-las a desfilar melhor.

Quando começou a gostar do Carnaval, não distinguia nenhuma cor. Percebia, no máximo, vagas silhuetas em contraste com clarões de luz. Por sofrer de retinose pigmentar, doença que provoca falta de irrigação nas células da retina, foi perdendo pouco a pouco a visão. Aos 15 anos, estava quase totalmente cego. Isso não o impediu de fazer faculdade de administração e de presidir o grêmio estudantil da escola. *Mantive as lembranças das imagens, o que me ajuda muito.*

Guilherme foi convidado pela Secretaria Estadual de Cultura a desenvolver oficinas de teatro, dança, música e artes plásticas para portadores de deficiência visual, mas não quis ficar restrito ao mundo da deficiência. *Foi aí que me apaixonei pelo Carnaval.*

Soube que as sedes das escolas de samba ficavam vazias na maior parte do ano. Propôs então que fossem ocupadas com aulas para crianças e adolescentes de dança afro, bateria, mestre-sala e porta-bandeira, violão e cavaquinho. Nasceu assim o projeto Barracão. *Era um jeito de manter as crianças e adolescentes ocupados aprendendo coisas úteis para suas vidas e ajudar na profissionalização das escolas.* Os professores contratados são da própria comunidade.

O sofrimento e a morte de Sofia entraram para a galeria das resistências paulistanas não apenas pela batalha pela vida, mas pelo que aconteceu depois.

Sofia nasceu às 19:57 h, em 24 de abril de 2001, e foi diretamente para a UTI. *Tive vontade de me levantar daquela maca com a barriga aberta e ir atrás dela*, recorda-se a mãe, Maria Julia Miele, terapeuta corporal especializada em massagem chinesa. No dia seguinte, em seu quarto de hospital, Maria, confiante, recompunha-se do trauma. *Pensava secretamente que tudo não tinha passado de um mal-entendido. Minha genética familiar era tão forte e perfeita que, obviamente, minha filha sairia daquela muito bem e rápido. Eu não sabia de nenhuma previsão futura, nem sabia quando seriam as cirurgias. Não sabia como seria a vida dela, não sabia qual dos tantos sentimentos contidos dentro de mim seria mais útil para nós duas. E, sem saber que caminho tomar, optei pelo único sentimento possível e que nunca seria demais sentir: o amor incondicional.*

A primeira cirurgia ocorreu quando a criança tinha dez dias de vida. *O tempo não passava, meu estômago estava enrijecido. Enquanto eu e meu marido Luís caminhávamos pelas ruas próximas da maternidade, eu via as pessoas almoçando, sorrindo, caminhando com pressa.*

Em dezembro, véspera de Natal, Sofia ainda estava na UTI, com diagnóstico de insuficiência renal, infecção generalizada e falência múltipla dos órgãos. Talvez, imaginavam os médicos, não sobrevivesse até o *Réveillon*.

Sobreviveu. *Cruzamos a porta da UTI e passamos toda a noite com ela no meu colo. Nós duas estávamos vestidas de branco.*

A UTI é o lugar mais horrível para estar. É um lugar que testa violentamente os limites humanos daqueles que a habitam diariamente, minuto a minuto. Ali são testados mães, pais e médicos, mesmo os mais experientes. É muito difícil ter um filho internado na UTI. São momentos solitários, nos quais é preciso não só aprender a lidar com os próprios limites, com a própria impotência e com o próprio egoísmo, mas também tentar determinar sinceramente até onde ir. É conviver com o medo 24 horas por dia. É sentir o coração disparando cada vez que se chega e só senti-lo bater ritmado depois de pousar os olhos no bebê e ter a certeza de que está tudo bem. Medo da perda, medo da piora, medo do futuro incerto, medo do presente. Medo da própria capacidade de suportar as notícias.

Apesar de todos os prognósticos, Sofia melhorou – e Maria se sentiu livre dos medos. *Nem estamos acreditando*, disse uma das médicas a Maria. *Voei para a UTI, que estava em festa. Às 15:30 h do dia 9 de maio de 2002, um ano e um mês depois do nascimento, enfim a chegada em casa. Enquanto entrava pela porta, agarrada à criança, chorava e repetia: "Não acredito!". Eu me sentia mãe de verdade, após mais de um ano de espera: como era bom poder acordar no meio da noite e ir beijá-la, dar seu banho dentro do quarto e não mais na UTI, cantar para ela segurando-a em meus braços.*

No início de julho, no entanto, Sofia já estava de volta ao hospital e, mais uma vez, na UTI. *Voltei para casa arrasada, parecia que eu carregava um piano nas costas.* No dia 30 daquele mês, o hospital chamou a família. Sofia tinha piorado. *Entrei tremendo na UTI.*

Acompanhada de Luís, colocou a filha nos braços. *Num ato de respeito, toda a equipe se retirou e foi para trás de um vidro, onde ficava o monitor central. Meu marido se levantou e saiu. Ela, fria, nos meus braços, não estava mais lá; eu simplesmente não a sentia. Como um pássaro leve, tinha voado, sem barulho, sem alarde. Passou para algum lugar e a porta se fechou, deixando-me aqui sozinha.*

Para enfrentar a dor, Maria Julia Miele descreveu sua experiência de 13 meses em três hospitais em São Paulo. Esse misto de diário com reportagem era para ter ficado trancado numa gaveta, mas ela aceitou a sugestão de publicar sua história, intitulada *Mãe de UTI*, por ter descoberto que não havia um livro para ajudar mães que vivessem semelhante situação. Ela começou a percorrer hospitais para formar grupos de mães cujos filhos estão em UTI e não têm, na maioria das vezes, com quem compartilhar sua dor e solidão. *As dores e a saudade não diminuíram, nem a memória apagou tudo o que eu presenciei, mas, com o passar do tempo, aprendi a lidar melhor com tudo isso; o passado não muda, mas, de certa forma, tudo acaba mudando com o tempo,* diz Maria.

oito

Uma simples mesa também vira elemento de luta. Não se tem notícia de um objeto de *design* que conquistasse tamanha popularidade em São Paulo, a ponto de se transformar em personagem da boemia intelectual paulistana. Como bom personagem, a peça virou tema de um livro escrito por pessoas que privaram de sua intimidade. A ideia era fazer que o balcão de 54 m de comprimento, formado de pranchas ovais, serpenteasse por todo o salão do bar, como se fosse uma extensão da rua. Os clientes passaram, com o tempo, a sentar-se dos dois lados do móvel e se criou um clima sensualmente tribal, todos em roda. Quem fosse ali sozinho, logo se sentiria em grupo. É claro que o nome do lugar só podia ser Balcão. Aquele balcão, testemunha na madrugada de tantos casamentos decadentes e de paixões ascendentes, quase não nasceu.

Estava chegando o final do ano e o marceneiro Zeca Cury, que morava em Ubatuba, preparava-se para viajar, ritual que lhe era sagrado. Foi quando recebeu, por fax, o estranho desenho do móvel. Em sua marcenaria, nem havia espaço para executar a obra. *O jeito foi usar um campo de futebol*, lembra-se Zeca. Por coincidência, estava armazenado em seu galpão, havia anos, um lote de pranchas de angelim-pedra.

Quando esse projeto saiu do papel, São Paulo assistia a níveis de violência desconhecidos até então. Era o início da epidemia do *crack* e dos sequestros. Um bar no qual todos se sentavam juntos, de portas escancaradas, transformou-se involuntariamente numa espécie de ato de resistência numa cidade cada vez mais murada, com seus seguranças privados, condomínios fechados e automóveis blindados.

Se uma simples mesa pode ser um personagem, uma árvore também pode – no caso, um exemplar de 100 anos. Para sobreviver, essa figueira é submetida a quatro horas de atenções diárias, recebendo doses de medicamentos administradas por uma equipe de dez pessoas, chefiada pelo biólogo Ítalo Mazzarella. *Eu aprendo mais do que cuido*, afirma ele. Plantada na rua Haddock Lobo, quase na esquina com a rua Estados Unidos, a figueira por pouco não morreu. A árvore servia de cobertura de estacionamento em uma loja de presentes, vítima do peso dos automóveis e da voracidade dos insetos. *Estava ameaçada*, lembra Ítalo. Foi salva porque o empresário Belarmino Iglesias adquiriu o terreno e fez ali um restaurante cujo pátio é abraçado pelos ramos, livres da simples condição de sombra de automóveis. *As obras foram realizadas para se acomodarem à árvore. Natural que o restaurante ganhasse o nome de Figueira.*

Sem saber como cuidar de sua principal peça de decoração, Belarmino recorreu à Fundação SOS Mata Atlântica, que lhe indicou o biólogo Ítalo, que, por sua vez, recrutou uma equipe. *Precisava de um misto de ombudsman com médico*, conta Belarmino. Até porque a figueira é tombada pelo patrimônio histórico municipal e estadual.

De sombra, transformou-se em peça de decoração e, agora, a figueira ganha *status* ainda mais nobre: sala de aula. Dois educadores recebem caravanas de estudantes para admirar a centenária personagem e aprender sobre questões ambientais. Há um material didático preparado especialmente para os professores. *Não adianta falar da Amazônia sem fazer a ligação da questão ecológica com a nossa própria rua*, defende Ítalo.

Além de ecologia, a figueira ensina história. O Memorial do Imigrante exibe desenhos da árvore desde o tempo em que ela ainda era uma muda, utilizados como marcos para contar a história dos imigrantes e dos migrantes que vieram para São Paulo. Quando a figueira foi plantada, a cidade ainda tinha ar de vilarejo, centenas de milhares de europeus eram atraídos pela riqueza do café e os ricos começavam a refugiar-se na recém-inaugurada avenida Paulista, onde bondes eram puxados por mulas.

Salvar uma figueira também era a guerra pessoal da bióloga Neuza Guerreiro de Carvalho, de 74 anos. Graças à internet, arregimentou aliados para preservar uma imponente figueira ameaçada pelos automóveis. *Vamos vencer*, apostava. Sua arma eram os *e-mails* que enviava de seu apartamento para sensibilizar autoridades, jornalistas e, em especial, gente que já tivesse se beneficiado da sombra daquela árvore, plantada ainda no final do século XIX, quando São Paulo era uma província com menos de 100 mil habitantes, os bondes eram puxados por animais e as ruas, iluminadas por lampiões.

A figueira sobrevivia, sem cuidados especiais, num estacionamento da alameda Glete, região central, onde, de 1937 a 1969, funcionaram diversos cursos da antiga Faculdade de Filosofia, Ciências e Letras da Universidade de São Paulo. As aulas eram dadas num palacete construído por um dos barões do café. Ali, Neuza formou-se em 1951 em história natural e passava horas estudando sentada na raiz da figueira.

Em 2002, a TV Cultura a convidou para fazer uma gravação num local que lhe fosse especial. Escolheu a figueira, que não via por mais de 30 anos. Só a abundância das folhas se conectava com as lembranças da estudante: o palacete fora destruído para dar lugar a um estacionamento. Um carro estava em cima de uma das raízes da árvore. *Foi uma decepção.*

Da decepção, nasceu um movimento de resistência. Foram lançados *e-mails* para localizar ex-alunos e professores da USP que estudaram no palacete. Surgiu então uma espécie de confraria, que se batizou Grupo Figueira da Glete. Fizeram uma reunião com os veteranos, todos já de cabelos brancos, no estacionamento e transplantaram mudas para o *campus* da cidade universitária. *Não funcionou*, lamenta Neuza.

Bióloga, ela acredita na existência de uma técnica que, se aplicada, poderia funcionar: deixar as mudas mais novas se desenvolverem em xaxins colocados nos galhos e, depois que estiverem fortalecidas, levá-las embora. Só que essas mudas ficariam muito longe do chão e não seria fácil encontrar uma escada suficientemente alta para chegar até elas. Neuza aciona seu *e-mail* para pedir ajuda ao Corpo de Bombeiros. *Faço questão de eu mesma subir na escada.*

Em um ambiente ecologicamente tão devastado, em que os principais rios recebem esgoto e as áreas de mananciais abrigam bairros e favelas, salvar algumas árvores pode ser encarado como gesto solitário e insignificante, mas encaixa-se, mesmo sem coordenação, num movimento que se espalha por São Paulo.

Percebiam-se modificações, a começar do lugar em que a cidade nasceu. O Pátio do Colégio vinha sendo revitalizado pelo padre José Maria Fernandes. Com seu cabelo longo, ajeitado num rabo de cavalo que o fazia parecer muitas coisas, menos um sacerdote, o inusitado da aparência mesclava-se com o incomum da paisagem em que ele vivia. Um sabiá quase sempre pousava no parapeito de sua janela. Silêncio, árvores e pássaros cantando compunham uma paisagem rara para qualquer paulistano – ainda mais para quem vivia no poluído centro da cidade.

Desde que foi morar no Pátio do Colégio, no ano de 1999, José Maria dedica-se a plantar árvores frutíferas ali – vieram os frutos e os pássaros. Por cultivar a história, ele começa a atrair, além de pássaros, pessoas. Pós-graduado em arte sacra pela Universidade Gregoriana, na Itália, ele participou das obras de restauração do Museu do Vaticano, em Roma, e acabou sendo convidado para cuidar do Pátio do Colégio.

O espaço estava deteriorado; o acervo, largado. Para piorar o cenário, o entorno era habitado por mendigos e crianças viciadas em *crack*. *Quando eu vi o acervo a ser restaurado, percebi que não havia sentido em fazer uma exposição de arte sacra. Centramos o trabalho no resgate da história da cidade.*

Além de recuperar o acervo histórico, ele treinou monitores bilíngues para receber visitantes. Quando o padre começou as mudanças, o local não era visitado por quase ninguém. Mas, o Pátio entrou na moda, disputado por quem quer fazer festas em ambientes exóticos. Dificilmente um convidado não se impressiona com a combinação de força com história, da beleza do claustro arborizado com a paisagem do horizonte de São Paulo. É um charme providencial. As festas ajudam a financiar projetos educativos – restauração e música, por exemplo – para as crianças e adolescentes das imediações. *Viramos um laboratório social*, diz José Maria, que acabou promovendo um reencontro com a história. Quando nasceu, há quase 450 anos, o Pátio do Colégio se chamava Escola de Meninos, então uma cabana de pau a pique de 90 m². *Fomos a única metrópole a nascer de uma escola*, orgulha-se.

A poucos passos dali, Banco do Brasil e Caixa Econômica Federal reformaram seus prédios e montaram centros culturais, atraindo gente que jamais viria para o centro. Essas novidades fazem parte de um movimento chamado "Viva o Centro", cuja missão é brecar a decadência da área central. A ele aderiram urbanistas, arquitetos e historiadores, convencidos de que a preservação dos espaços históricos é essencial para a identidade entre cidadãos e cidade. Foram realizados seminários que exibiram programas de revitalização de Nova York, Barcelona e Buenos Aires; alteraram-se leis para facilitar a reforma de prédios e foram lançadas experiências de policiamento comunitário.

Além de criarem novos espaços culturais, as repartições públicas voltaram para o centro, junto com novas faculdades. A sede da prefeitura mudou-se para o viaduto do Chá; o governador montou uma sala nas imediações da prefeitura, para servir como gabinete. O bar Brahma, prestes a virar templo evangélico, não só permanece um ponto da boemia como ocupa mais área na esquina da Ipiranga com a São João. O cine Bijou, que, por não exigir comprovante de idade, ajudou na educação cinematográfica de muita gente, já não exibe filmes. Nem por isso desapareceu, ao contrário: criou-se ali uma escola de teatro que serve também para as apresentações dos alunos. A poucos metros dali, na mesma rua, na praça Roosevelt, inaugurou-se o Satyros, voltado às mais diferentes experiências teatrais. O ator Ivam Cabral e o diretor Rodolfo Garcia Vazquez trouxeram para a cidade uma maratona de peças que durava 78 horas seguidas.

Não foi nada fácil se instalar na Praça Roosevelt, tomada pelo tráfico de *crack*, por mendigos e travestis. Exatamente na frente do Satyros havia uma tampa de esgoto que levava a um depósito em que traficantes escondiam as drogas. *Fomos ameaçados várias vezes de morte*, disse Ivam. Para eles, porém, a praça era uma extensão do palco, a tal ponto que um dos travestis, cujo nome artístico é Phedra Córdoba, ganhou uma vaga de ator. Phedra nasceu em Cuba e, fugindo de Fidel Castro, trabalhou em teatros de revista do Rio de Janeiro até acabar como *cortesã* – é assim que se define – em São Paulo. Voltar para os palcos foi como voltar para a vida – mais ou menos como a praça Roosevelt.

As novidades atraíam pessoas que buscavam algum charme mesclado à história e, em especial, apartamentos amplos e baratos. O documentarista Sérgio Roizenblit é um legítimo representante da geração *eu-quero-uma-casa-no-campo*. De mochila nas costas, pedia carona nas estradas, de preferência rumo a Salvador, parando nas praias. Venerou o *rock*, desprezou o consumismo, passou por fases de misticismo e acreditou que o contato com a natureza produzisse seres mais elevados. Nada mais natural que fosse morar em um sítio no interior de São Paulo – com seus discos e livros e nada mais. Foi, mas voltou. Comprou um apartamento dúplex no centro. *Aqui, tudo funciona 24 horas. A paisagem humana se altera sem parar, esse turbilhão da diversidade é encantador e me faz ficar conectado com o mundo.*

Assim como Sérgio Roizenblit, Guilherme Guimarães, um dos primeiros estilistas brasileiros a fazer sucesso na rota Paris-Nova York, aderiu ao caminho de volta ao centro. Não usa celular, não tem *e-mail*, não navega na internet e não dirige automóvel – nem sente falta de nada disso, prefere simplificar a vida. Por isso quis fazer de São Paulo uma província, com ares de cidade interiorana, adaptada a quem, como ele, não quer morar cercado num condomínio de luxo. Detesta dirigir automóvel e gosta de resolver seus problemas a pé. Aprendeu que as melhores cidades são aquelas que cuidam dos pedestres. *O trânsito é insuportável. Não gosto de dirigir. Apenas quando não tenho alternativa, pego um táxi.* Mudou-se para um apartamento em um prédio tombado da avenida São Luís e montou, no mesmo espaço, seu ateliê e sua residência. *Aqui tudo é perto. Não preciso de carro para ir comprar seja lá o que for.*

Chegaram a prever que isso poderia afastar sua clientela, formada de *socialites*, cujas fronteiras se situam entre o Morumbi e o bairro de Higienópolis. Mas, ao oferecer uma volta ao tempo, seu ateliê virou mais uma atração. *Muitos dizem que nunca viveriam aqui, mas, quando conhecem o lugar onde moro, adoram.*

Todo esse agito ajudou os que não se mudaram – como o La Casserole, um dos restaurantes mais charmosos da cidade. Dizia-se que, por estar ali, não sobreviveria. Haviam ficado para trás, argumentavam, os dias em que seu proprietário, o francês Roger Henri, vestia o terno, colocava a gravata, ajeitava o lenço no bolso do paletó e levava sua filha Marie para passear pelas praças do centro aos domingos. Uma daquelas paisagens, de tão familiar e íntima, era como se fosse a extensão da casa deles: o largo do Arouche, com suas bancas de flores. Para não perder a intimidade com essa paisagem, Marie deu uma reviravolta em seu projeto de vida.

Ela tinha estudado administração de empresas, com especialização em recursos humanos, depois fez uma pós-graduação em filosofia da educação. Pouco a ver com o negócio de seus pais, o restaurante La Casserole, que, para os paulistanos, é uma espécie de extensão do largo do Arouche, tão integrado à paisagem quanto a banca de flores. Um dia, o pai lhe perguntou: *Você vai assumir o restaurante?* O primeiro reflexo foi o de dizer *não*, lembra-se Marie. Roger disse-lhe, então, que estava cansado e que iria vender o negócio, quem sabe ajudasse seus fiéis garçons a formar uma cooperativa para substituí-lo. *Não consegui conviver com a ideia de que iria passar por ali e me sentir uma estranha.* Como cresceu ouvindo em casa segredos de receitas culinárias francesas, Marie topou assumir o negócio.

Mas o largo do Arouche, acompanhando o movimento do centro, perdeu charme e entrou em processo de degradação, de abandono. *Uma tristeza*, lamenta. O *crack* e os mendigos espalhavam-se por ali. Tradicionais restaurantes mudaram-se, com suas clientelas, para a região dos Jardins. *Não sabia se conseguiríamos sobreviver. Até pensamos em fechar, mas nunca fizemos nada para isso.* Resistiram e mantiveram uma parte da freguesia. Valeu a pena resistir.

Ao completar 50 anos, o La Casserole não apenas assistia à recuperação do centro – e, com ela, à chegada de novos comensais –, mas, especialmente, apostava no projeto de melhorias do largo do Arouche. Uma empresa se dispôs a reurbanizar a área, consertando o piso, cuidando dos jardins, trocando a iluminação, reformando a banca de flores – toques que nos devolveriam imagens da elegância perdida de São Paulo, mantida na memória de Marie graças às lembranças de crianças pedalando bicicletas e, sobretudo, do impecável terno de seu pai.

Antônio Erivaldo Silva, o Toninho, tirava proveito dessas mudanças. Para ele, andar de ônibus era, ao mesmo tempo, fonte de renda e *hobby*. Sentado na cadeira de cobrador, ele ganhava seu sustento, mas também dali fazia aquilo de que mais gostava: tirar fotos. *Juntei duas paixões: fotografar e andar por São Paulo.* Toninho, um migrante cearense nascido na cidade de Crato, conseguiu comprar uma câmera digital.

Na linha de ônibus em que trabalhava, ele passava três vezes por dia em lugares como o Museu do Ipiranga, a praça da Sé, o Pátio do Colégio, o viaduto do Chá, a praça da República, o Teatro Municipal. Para muitos, são apenas paradas; para Toninho, cenários. Cada trajeto levava aproximadamente 1:40 h. Não havia, na cidade, nenhum fotógrafo que gastasse tanto tempo todos os dias à procura de flagrantes. Encantava-se com os detalhes arquitetônicos de prédios históricos e com os diferentes efeitos da luz refletida nos edifícios ou viadutos ao nascer do sol. *Presto atenção às crianças brincando, aos casais namorando, aos velhos vendo o tempo passar.* Como o trajeto passava pelos mais importantes pontos culturais e históricos da cidade, Toninho decidiu aprimorar seu *hobby*. Comprou livros sobre a história de São Paulo. *Foi aí que decidi tornar público meu trabalho.*

Mais uma vez ajudado pelos recursos digitais, ele montou um *blog* para expor os flagrantes paulistanos, enriquecido com um roteiro que mostra a história da cidade. Ele chega a misturar reportagem com aula de história – como quando a entrada do *blog* exibia um homem atropelado estendido no chão, acompanhado de texto sobre a história daquela rua. Apenas os amigos e alguns passageiros acessam a página, hoje seu maior motivo de orgulho. Os recursos da virtualidade fizeram com que o migrante encontrasse seu melhor endereço: a internet.

Era previsível que estivesse assistindo, em movimento, à chegada dos policiais ao local onde estavam os corpos dos mendigos assassinados, quase todos seus conhecidos a distância. *Eu via essas pessoas quase todos os dias, já tinha até tirado foto delas.* Como se fosse para lembrar que, ao lado da metamorfose das fachadas, perdura a indigência, mataram oito mendigos com pauladas na cabeça, em agosto de 2004. A chacina, porém, não impede que se reconheça um fato inusitado. Desde seu nascimento em volta do Pátio do Colégio, a cidade se expandiu em direção aos rios Pinheiros e Tietê, até ultrapassá-los e compor uma aglomeração caótica de 18 milhões de habitantes em 39 municípios. Pela primeira vez, o movimento se inverte e volta para dentro.

nove

O esvaziamento do centro, aprofundado na década de 1970, foi estimulado pela transformação da avenida Paulista numa rua comercial, que traduzia, mais do que qualquer outro lugar, um projeto de futuro. Espigões substituíam as mansões aristocráticas de famílias decadentes. O encanto daquela avenida, ponto de celebrações, seria exibido como nunca na última semana de maio de 2005. Com uma diferença de três dias, *gays* e evangélicos colocaram cerca de dois milhões de pessoas lá; uns, ostentando o prazer do sexo sem discriminação; outros, Jesus.

Atraído por esse encanto futurista, José Maria Meira desembarcou na rodoviária de São Paulo com duas prioridades: conhecer a avenida Paulista, da qual tanto lhe haviam falado, e conseguir um emprego. Alagoano, então com 18 anos, desempregado e sem dinheiro, ele jamais imaginaria um de seus futuros prazeres preferidos: caçar trufas na Toscana, na Itália. Não sabia o que eram trufas nem tinha viajado de avião. Talvez até duvidasse que, em alguma parte do mundo, treinassem o olfato de animais para encontrar fungo debaixo da terra (daí a expressão "caça"). Acharia ainda mais estranho se lhe dissessem que um quilo daquele ingrediente culinário poderia custar, dependendo do tipo, até US$ 4 mil.

Da rodoviária, José Maria foi para uma pensão nas proximidades do Capão Redondo, na zona sul. Tomou um banho e colocou sua melhor roupa. Antes de sair à procura de emprego, preferiu conhecer logo a tal avenida, que lhe diziam parecer magicamente suspensa no ar. Deu sorte: conseguiu, num único dia, realizar seus dois projetos.

Saiu andando pela avenida Paulista, olhando para cima, seduzido pelos prédios. *Parecia mesmo uma rua suspensa no ar.* Também olhava para os lados, atrás de algo menos estético: uma vaga de qualquer coisa em qualquer lugar. Ofereceu-se como cozinheiro, mas só encontrou um emprego de lavador de pratos num restaurante. *Cresci vendo minha mãe à beira do fogão de restaurantes.* Via e aprendia. Certo dia, o lavador de pratos vislumbrou uma chance, quando um cozinheiro faltou. Prontificou-se a substituí-lo. Na falta de alternativa, aceitaram a proposta. Logo, viraria mais um nordestino chefe de cozinha em São Paulo. Não parou mais de estudar gastronomia, dentro e fora do Brasil, o que acabou levando-o aos cachorros adestrados e às trufas da Toscana.

Recém-chegado, ele não tinha olhos para o passado daquela avenida, que, como o centro, ficaria com ares decadentes, em virtude do surgimento de novos pontos comerciais e, com eles, novos e mais modernos espigões. Apenas 200 metros separam o colégio Dante Alighieri do Museu de Arte de São Paulo (Masp). Basta cruzar, em poucos minutos, o parque Trianon, passando pela ponte em cima da alameda Santos, para chegar à avenida Paulista. O pedestre economiza tempo e ganha o prazer de caminhar entre espécimes da mata atlântica. Mas os estudantes evitam fazer esse trajeto a pé. São obrigados a ir de ônibus escolar ao museu. O Trianon ficou associado a crimes, prostituição, mendigos e tráfico de drogas.

Aquela ponte foi construída, na década de 1930, para os estudantes do Dante Alighieri tomarem o bonde na Paulista, cujas calçadas, em determinadas épocas, ficavam atapetadas de flores amarelas caídas dos ipês. O trajeto então percorrido pela elite tinha suas aristocráticas mansões, que faziam dali espaço para festas e bailes ao ar livre.

Quem assistiu a essa trajetória foi Nelson Baeta que, desde menino, morava e estudava por ali. Um de seus primeiros traumas se deu na volta para casa, depois de pular o muro e pegar frutas numa mansão onde hoje está o Conjunto Nacional, na esquina com a rua Augusta. A alegria se desfez quando viu uma cena que ficaria para sempre marcada em sua lembrança. Estavam mortas, no chão, duas preguiças abraçadas; mãe e filhote tinham sido eletrocutados ao sair do parque Trianon pelas árvores, pendurando-se nos fios de eletricidade da rua Peixoto Gomide. A morte fora anunciada semanas antes. O pai do estudante, o médico Baeta Neves, advertira diretamente o prefeito de que, mais cedo ou mais tarde, as preguiças do Trianon morreriam. Isso não era difícil de prever: deixaram crescer demasiadamente as árvores das ruas que ladeavam o parque e os bichos ficaram próximos dos fios elétricos. Não sobrou nenhuma preguiça.

As preguiças não seriam o único trauma de Baeta na Paulista. Ele registrava, dia a dia, como a avenida, do mesmo modo que o centro, ia se deteriorando, perdendo charme e valor comercial. A deterioração aparecia no lixo, nas calçadas esburacadas, nos cinemas vazios e numa escola pública – a Rodrigues Alves – esfacelando-se em vazamentos, toda pichada. O parque Trianon está abandonado, é usado como casa de mendigos e ponto de prostituição.

Ivete Mitiko não se conformava com o estado do colégio Rodrigues Alves, do qual era diretora. No início da década de 1990, ela já tinha desistido do magistério e planejava parar de trabalhar. Não suportava mais as carências da educação pública. *Estava cansada, tinha perdido a paciência.* Além dos vazamentos e das pichações, os cupins se apossavam do espaço. Mitiko batalhava em vão por uma reforma. *Sempre dizem que não há dinheiro.*

Decidiu tentar, pela última vez, realizar a reforma, quando sentiu que seus vizinhos, muitos dos quais poderosas empresas, apiedavam-se daquele imponente prédio – única escola pública em toda a avenida Paulista – caindo aos pedaços. *Preferi esperar um pouco.* Com o apoio de um banco, saiu a reforma da fachada. Empresas decidiram apoiar melhorias do currículo, capacitar professores e envolver os pais. Institutos culturais da vizinhança ofereceram atividades extraclasse aos alunos. Estudantes da Faculdade Casper

Líbero dispuseram-se a ajudar a Rodrigues Alves a montar seu próprio jornal. A escola se tornou uma das referências de integração da comunidade com a educação pública na cidade de São Paulo. *De repente, eu me senti dentro de um laboratório.* Afinal, a riqueza da avenida Paulista, com seus museus (o Masp, por exemplo), teatros, cinemas e centros culturais, passou a ser vista como uma extensão da sala de aula. Diante dessa mobilização, Mitiko acabou virando aluna. Começou a fazer um curso de pós-graduação em pedagogia comunitária, estudando experiências realizadas dentro e fora do Brasil por escolas que transformam seu bairro ou sua cidade em espaços de aprendizagem. *Eu me vi aprendendo, ao mesmo tempo, na faculdade e na escola da qual eu sou diretora.*

O cinema Belas Artes também se esfacelava. Foi um abalo para muita gente a notícia da última sessão – naquela sala, dezenas de milhares de jovens aprenderam a gostar de filmes não comerciais, entre eles, André Sturm, diretor de uma distribuidora de filmes. Ele faz parte da geração de paulistanos que reverenciavam essa esquina da rua da Consolação com a avenida Paulista. Na frente do cinema, cruzando a rua, brilhava o Riviera, então marco da resistência político-etílica contra a ditadura militar. Renato Meniscalco, proprietário do bar, lamentava nostálgico: *Não temos nem dinheiro para a reforma.*

André viu nessa decadência um desafio, então decidiu investir na recuperação do Belas Artes. O cineasta Fernando Meirelles, diretor de *Cidade de Deus*, topou entrar na parceria. *Foi um dos lugares em que aprendi a gostar de filmes,* diz Fernando. Com apoio de um banco, o cinema sobreviveu.

A melhor história da Paulista se passa fora das telas. Entre janeiro e maio de 2005, apenas 19 pessoas que andaram pela avenida – calcula-se que circulem por lá um milhão de pessoas por dia – deram queixa de assalto, uma queda de 82% em comparação com o mesmo período de 2004; desde 2003, não há nenhum registro de assassinato.

Montou-se uma rede de policiamento preventivo em muitas das esquinas dos três quilômetros da avenida. Todo o sistema é conectado a policiais que andam a pé, de moto ou de automóvel, treinados para lidar com temas comunitários. Além disso, recebem gratuitamente aulas de inglês – afinal, há muitos turistas que passam pela avenida. Ao final da tarde, senhoras levam café, tortas e salgados para eles. Os PMs frequentam os programas contra estresse no Masp, onde participam de oficinas de arte. Foi colocado ar-condicionado nos postos móveis de vigilância.

Movimento idêntico ocorre no viaduto do Chá, onde passam 700 mil pessoas por dia. O viaduto do Chá e a avenida Paulista compõem apenas duas peças de uma articulação, espalhada em toda a cidade, cuja principal conquista se tornaria mais conhecida apenas em 2005. Um estudo independente da Unesco concluiu pela consistência da queda acelerada de homicídios na região metropolitana de

São Paulo, especialmente na capital. Em 1999, 6.638 pessoas morreram assassinadas na cidade, uma média de 553 mortes mensais. No início de 2004, a média mensal caiu para 283; no terceiro trimestre, para 194 e, com isso, alcançava-se o menor número de assassinatos em 20 anos.

Bem longe da avenida Paulista, o Jardim Ângela se destaca nessa estatística. Desde o anúncio feito pela ONU, de que a região se tornara a mais violenta do mundo, a situação ficou ainda pior: em 2001, o número de assassinatos bateu recorde, 277. A partir de então, esse índice vem caindo ano a ano e, em 2004, chegou a 151 assassinatos, uma redução de 54%. Continuou caindo mais velozmente em 2005; em oito meses, houve um único homicídio. Em menor intensidade, essa tendência foi verificada em Heliópolis e Paraisópolis, as duas maiores favelas paulistanas. Por que, afinal, caiu o homicídio, se São Paulo tem mais pobres e desempregados?

Os dados dos homicídios estabelecem uma conexão entre São Paulo e Nova York, no que diz respeito ao aprendizado do capital social e reforçam o que, à primeira vista, soa estranho: a inexistência de uma relação direta entre pobreza e violência. A relação, na verdade, está entre a violência e a sensação crônica de marginalidade – ou seja, de invisibilidade.

No Jardim Ângela, a surpreendente redução do número de homicídios se deve, em parte, a um padre que cultiva, entre seus prazeres, o de misturar café com uísque, açúcar e *chantilly* – a célebre receita de café irlandês. Quando, em 1996, foram publicados os dados da ONU, o padre irlandês

Jaime Crowe, cuja paróquia fica no Jardim Ângela, lançou um movimento contra a violência. *Em alguns meses, chegamos a ter mais de 50 mortes.* Sua contabilidade não estava nos papéis. O cemitério era seu cenário habitual, onde rezava pelos mortos. *Num só fim de semana, tive de rezar por seis vítimas de homicídio.* O referencial de contabilidade de Jaime estava na Irlanda, que, em 30 anos de conflitos armados, matou 3.550 pessoas.

A paróquia dos Mártires, comandada pelo padre Jaime, centraliza a operação contra a violência. Logo vem a primeira conquista: a instalação de cinco bases de policiamento comunitário. Os policiais são treinados na paróquia, para entender os moradores do distrito e se relacionar com eles. A população só conhecia policiais em movimento, a bordo dos velozes e eventuais furgões. Foram designados para lá policiais com talento para desenvolver ações preventivas. Com a quebra da lei do silêncio, as investigações levam à prisão de matadores.

Desenvolveram-se programas para cuidar de crianças e jovens, oferecendo-lhes reforço escolar e cursos profissionalizantes. A Universidade Federal de São Paulo criou um centro para a prevenção e o tratamento do abuso de álcool e de drogas. *Sabíamos que o álcool é um dos principais combustíveis das brigas.* Buscou-se um acordo que envolvesse a polícia e o Ministério Público, para que os bares fechassem mais cedo – vários deles aceitaram a ideia.

As escolas estaduais e municipais levaram os temas ligados à violência para dentro de sala de aula, tentando sensibilizar os alunos, muitos dos quais passaram a ir a passeatas realizadas em Finados. Algumas praças foram reformadas, outras foram criadas; espaços abandonados ou pouco usados transformaram-se em áreas de lazer, esporte e cultura. Para aprender sobre diversidade cultural, os jovens se comunicavam, via internet, com estudantes de outros países, numa sofisticada estrutura educacional.

Nos últimos anos, o Jardim Ângela tem sido atendido por programas de renda mínima da prefeitura de São Paulo, compostos com recursos estaduais e federais. Tais recursos ajudam a amenizar o desemprego, a encaminhar adultos para o mercado de trabalho, depois de programas de capacitação, e a desenvolver habilidades em jovens. São também liberados recursos para que as pessoas possam montar seus próprios negócios.

Ebulição parecida se desenvolvia ao mesmo tempo em Heliópolis, a maior favela paulistana, cujo nome estava associado a miséria e delinquência, mas, desde 1996, mesclavam-se à sua imagem os sons da música erudita, por causa do maestro Sílvio Bacarelli.

Colocar a música na favela ajudou o maestro até mesmo a se curar de uma doença. Sempre cheio de compromissos e projetos, começou a sentir um estranho desânimo. Não queria mais sair de casa, preferia ficar no quarto, deitado na cama, sem ver ninguém. *Nunca tinha sentido nada parecido.* Tratada com remédios, a depressão perdurou por seis meses. Ele atribuiu parte de sua recuperação ao prazer de ensinar música. *Na cama, eu imaginava os alunos me esperando.* Passada a depressão, voltou a frequentar regularmente Heliópolis, ampliou o número de matrículas e planejou uma nova sede e resolveu oferecer um programa de balé, organizado por Ana Botafogo, uma das mais importantes bailarinas brasileiras. *Quando decidi ensinar música erudita a jovens de favela, alguns riram, outros acharam que eu estava doido,* conta Bacarelli.

À primeira vista, uma bailarina do porte de Ana Botafogo dançando na favela parece exótico. Tão exótico quanto um dos alunos de Bacarelli – o contrabaixista Adriano Costa Chaves – estudar hebraico para fazer um estágio na Filarmônica de Israel, convidado pessoalmente pelo maestro Zubin Mehta.

Heliópolis tem 120 mil habitantes, a maioria dos quais vive abaixo da linha da pobreza. Heliópolis, em grego, significa *cidade do sol,* o que sugere uma ironia. Numa parceria entre o mais importante crítico literário brasileiro, Antônio Cândido, e o arquiteto Ruy Ohtake, a comunidade inaugurou uma biblioteca, trazendo para a população livros de Shakespeare a Eça de Queiroz, passando por Clarice Lispector e Graciliano Ramos. Mas também oferece jornais com classificados de emprego. Como na maioria das regiões metropolitanas, grande parte dos jovens dali está desocupada.

Como no Jardim Ângela, líderes locais ajudam a formar policiais capazes de entender os segredos da favela. Criou-se um posto de policiamento comunitário. Um pastor, Carlos Altheman, coordena as demandas por mais segurança. *As pessoas perderam o medo e passaram a denunciar mais*, diz o pastor, autor da ideia de fazer da carceragem uma biblioteca.

Autor de alguns dos mais comentados projetos arquitetônicos realizados em São Paulo, Ruy Ohtake nunca imaginou que seria chamado para embelezar favelas. *Sou de uma geração de arquitetos formados na década de 1970 que acreditavam que as favelas eram um problema passageiro*. Foi convidado por uma liderança local – o pernambucano João Miranda – para tirar um pouco do ar sombrio, sem cores, de Heliópolis. Ruy resolveu, então, transformar a fachada de 270 casas da rua principal numa grande intervenção colorida. Em conjunto com os moradores, fez um imenso painel. Quando estavam pintando as casas, João Miranda admirava-se com as várias tonalidades de azul. *Ô, seu Ruy, nunca vi um azul assim!* Diante do perplexo arquiteto, ele explicou: *Pensei que só existisse uma cor azul, só uma; aqui tem muitas*. Pela primeira vez, Ohtake testemunhava a surpresa de um adulto que descobre as tonalidades das cores.

A descoberta das tonalidades das cores é apenas uma imagem que representa a descoberta das várias ideias que podem ser costuradas numa comunidade. O diretor de uma escola municipal, Brás Rodrigues Nogueira, faz curso de pós-graduação (e já está dando palestras) sobre a arte de envolver a comunidade no apoio à educação. Um dia, roubaram todos os computadores da escola e Brás, desnorteado, foi a dois endereços – o primeiro deles a delegacia de polícia, onde lhe disseram, desalentados, que iam ver o que podiam fazer. O que se traduzia em "esqueça". No caminho de volta, conversou com pessoas que sabia que levariam a mensagem aos ladrões. *Estão prejudicando os filhos de vocês, que vão ficar sem os computadores.* Não só os computadores voltaram intactos, como foram corretamente instalados – isso é, em essência, o que significa capital social, a rede de relações de confiança criada dentro de uma comunidade.

Esse ambiente de experimentação atraiu Rappin' Hood – numa alusão a Robin Hood. *Para mim, o rap e o repente nordestino são primos.* Por causa dessas misturas, uma ousadia para os *rappers* mais tradicionais, ele é considerado um reinventor do *rap* no Brasil.

Rappin' Hood trouxe para sua música elementos, além do repente, do *jazz*, do *reggae*, do samba e até da bossa nova. Deu certo, tanto que já conseguiu, num esquema alternativo, vender 45 mil cópias de seus CDs, além de comandar o mais popular programa exclusivamente de *rap* do rádio. Sua primeira experiência radiofônica ocorreu na Heliópolis da periferia de São Paulo, tomada pela violência e pelo tráfico de drogas; o programa se chamava "A voz do *rap*". Nas suas andanças pela periferia, notou como a arte serve para evitar que jovens entrem no crime, fazendo da música um meio de melhorar a autoestima. *Vi o que faz a falta de perspectiva, que, na verdade, é a falta de identificação com qualquer coisa.*

Essa lição de visibilidade, Rappin' Hood aprendeu consigo próprio, quando ainda só era conhecido pelo nome de Antônio Luiz Júnior. Quando pensava em seguir carreira musical, era aconselhado a fazer faculdade e, assim, teria a chance de um bom emprego. Seguiu o conselho, mas só conseguiu estudar por dois anos numa faculdade de educação física. O que lhe dava mesmo prazer era a batida do *hip hop* durante os encontros no largo São Bento, no centro de São Paulo. Para não desagradar aos pais, matriculou-se na Universidade Livre de Música (atual Centro de Estudos Musicais Tom Jobim), onde aprendeu a tocar trombone. *O coração falou mais alto.*

Nesse mesmo Centro de Estudos Musicais, um maestro percebeu como um ritmo bem diferente do *rap* – Vivaldi, por exemplo – também tinha o dom de gerar essa sensação de identificação citada por Rappin' Hood – viu o poder de superação que advém dessa identificação.

Decididos a aprender a tocar violino, adolescentes da periferia matriculados na escola viviam atormentados com as notas baixas. Um dos professores, Ênio Antunes, violinista da Orquestra Municipal de São Paulo, resolveu reunir alguns deles em seu horário de folga, para exercícios de reforço. Não fazia muito tempo que Ênio também sentira a dor de uma frustração, por causa de uma nota. Nascido em Belo Horizonte, filho de pai músico, ele tocava na orquestra da Universidade Federal da Bahia quando estava prestes a dar o maior salto de sua vida: fora aceito para estudar na

Universidade de Yale, uma das melhores escolas de música do mundo. Matrícula já feita, não conseguiu ajuda para pagar o curso, só porque as notas de inglês não foram boas. Isso o impediu de ganhar a bolsa do governo brasileiro. *Fiquei meses com aquele ressentimento.*

Frustrado, soube que estavam fazendo concurso na Orquestra Sinfônica Municipal de São Paulo, resolveu mudar de ares e deixou Salvador. Para completar o orçamento, dava aula particular e ensinava na Tom Jobim, instituição ligada ao governo estadual. Deparou com a dificuldade de alguns dos alunos, que, apesar de esforçados, estavam ameaçados de reprovação. *Todo professor gosta de ajudar alunos que desejam ser ajudados.* Como os encontros passaram a ser regulares, tiveram a ideia de criar uma orquestra de cordas para motivar as aulas. Num misto de diversão com disposição de ajudar, alguns alunos particulares de Ênio quiseram também tocar com o grupo. Os ensaios ficaram mais rígidos: três vezes por semana, inclusive aos sábados. Cada ensaio dura quatro horas. Professores de viola e violoncelo aderiram ao projeto.

Nem *rap* nem música erudita – uma comunidade descobriu-se no samba. Uma simples escola passa a ter esse papel quando não se encara apenas como um amontoado de salas de aula. Com 1.500 alunos, a escola tinha um nome pomposo, Comandante Garcia D'Ávila, mas era chamada de "Maloquinha". Quem entrasse ali veria logo que o apelido era autoexplicativo: vidros quebrados, paredes pichadas, portas com marcas de arrombamento, vasos sanitários entupidos, cadeiras danificadas, marcas de infiltração nas paredes. Os professores viviam apavorados com as gangues que traficavam drogas e os ameaçavam de retaliação se não ficassem calados. Os seguranças não se atreviam a apartar as brigas dos alunos, muitos dos quais portavam armas.

A "Maloquinha", porém, foi salva pela pedagogia do samba. Sem saber que se tinham tornado educadores, carnavalescos, com seus passos e fantasias, produziram um extraordinário enredo de revitalização comunitária, ainda praticamente desconhecido.

O novo enredo da "Maloquinha", no Parque Peruche, na zona norte de São Paulo, começou em 1995, quando a escola passou a ser dirigida por um indivíduo que, antes de virar professor, detestava estudar. *Eu fazia o que podia para cabular as aulas*, recorda-se Waldir Romero, cuja paixão eram os esportes, especialmente o futebol.

Os esportes levaram Waldir a se formar em educação física e, ao tornar-se professor, interessou-se por pedagogia e descobriu as razões de sua ojeriza adolescente às salas de aula. *Quase tudo o que ensinavam não fazia o menor sentido para mim*. Então, do lado oposto dos alunos que também detestavam estudar, Romero viu-se obrigado a ensinar a quem não queria aprender e, pior, cercado de violência e degradação. Encontrou a saída exatamente no seu passado de "mau" aluno: foi procurar o prazer das ruas. E encontrou o prazer bem ao seu lado.

O mistério das bolas de gude 161

Uma peculiaridade histórica ajudou Romero. Libertos da escravidão, os negros foram, aos poucos, sendo expulsos das zonas mais nobres da cidade de São Paulo. Rumo à periferia, muitos deles se fixaram onde é hoje o Parque Peruche, o que explica por que o bairro é povoado por tantas escolas de samba, frequentadas pela maioria dos alunos da "Maloquinha". *Se tínhamos alguma chance de salvação, ela não estava nas salas de aulas, estava nos barracões.*

Ele convidou os blocos a usar o ginásio da escola. *Lentamente, foram perdendo a desconfiança. Tinham medo de manipulações políticas.* Ao mesmo tempo, promovia atividades para os alunos nos barracões. *Era como se formássemos um mesmo ambiente de aprendizado.*

Para aprimorar essa integração cultural, Romero enriqueceu as atividades extraclasse com aulas de cavaquinho, violão, percussão e capoeira; os professores foram arregimentados nos barracões. Várias escolas de samba da cidade, como a Mocidade Alegre e a Gaviões da Fiel, adotaram a quadra da "Maloquinha" como espaço oficial de ensaios. Alguns jovens, mais violentos, logo perceberam que não era muito prudente desrespeitar a "Maloquinha" e arrumar uma briga, por exemplo, com a Fiel. A maioria nem precisava do argumento do medo: apenas sabia que estava se apropriando de um espaço. Festas de casamento, batizado e aniversário passaram a ser feitas na escola.

Mais difícil que levar o samba para o pátio é levá-lo para a sala de aula. Nisso está um dos pontos mais férteis dessa experiência. Os professores sentiram-se desafiados a deixar a rotina curricular de lado e tirar proveito do samba nas aulas de português, história, geografia e até ciências. Exemplo óbvio: aprender gramática por meio das letras de música. Para desenvolver o senso de empreendedorismo, os alunos foram convidados a organizar, com todos os requintes possíveis, um desfile. Tiveram de fazer o enredo (o que os obrigou a estudar história), compor as músicas (ajudados pelos professores de português) e montar as fantasias e os carros alegóricos (uma chance de aprimorar as aulas de matemática).

Isso fez com que muitos jovens, profissionalizados, pudessem ver no Carnaval uma fonte de renda. Os dirigentes comunitários imaginaram até mesmo usar o potencial artístico local para gerar empregos: queriam fazer uma espécie de bairro do samba, com casas de *show*, bares e restaurantes e, assim, atrair pessoas de toda a cidade. *Esse é o nosso sonho*, dizia Romero.

Sonhos à parte, colheram-se resultados reais: diminuiu a repetência, a evasão caiu drasticamente, as instalações físicas estão preservadas, pararam os roubos e as depredações. A violência quase desapareceu, num fenômeno que se repete em escolas de todo o país.

No Brasil, em 2005, 6.204 escolas ficaram abertas nos fins de semana, nas quais se promoveram atividades para alunos e familiares. A tendência geral é de queda da violência. Em dois anos do programa Escola da Família, em São Paulo, do qual participavam 5.306 estabelecimentos, segundo avaliações externas, a incidência de agressões físicas caiu 46,5%; 57% foi o índice de queda de homicídios; 39,5%

o de depredações ao patrimônio (pichações, por exemplo). Nas 2.102 escolas que, além de ficarem abertas nos fins de semana, lançaram programas de protagonismo juvenil, estimulando jovens a desenvolver projetos em seus bairros, a queda da delinquência foi ainda mais acentuada. Diminuíram especialmente as ameaças e agressões feitas por alunos a professores e funcionários.

Um padre e um juiz aprenderam a lidar com a violência e a construção de capital social sem ter de ler livros de epidemiologia, economia ou sociologia. Tudo começou por causa de uma tragédia que testemunharam – aliás, uma das piores cenas públicas já vistas em São Paulo, que os levou a entrar na história das experiências contra a delinquência juvenil no país.

Em outubro de 1999, o padre salesiano Agnaldo Soares Lima e o juiz da infância João Baptista Galhardo, ambos de São Carlos, estavam em São Paulo, quando explodiu uma rebelião gigantesca nas instalações da Febem localizada nas proximidades da rodovia dos Imigrantes. *Foram cenas de terror*, lembra Agnaldo, que, com o juiz, tentou ajudar os jovens de São Carlos que estavam presos. Cabeças decepadas, corpos carbonizados, monitores jogados do alto do prédio, filhos torturados na frente das mães.

Ao voltarem para casa, o juiz e o padre estavam decididos a fazer em São Carlos algo que funcionasse na prevenção à delinquência juvenil. Sensibilizaram políticos, associações comunitárias e empresários locais. Articularam uma aliança entre a prefeitura e a Febem para a criação de um projeto experimental, batizado de Núcleo de Atendimento Integrado (NAI). A criança deveria ser atendida e encaminhada com rapidez a uma rede integrada de serviços. Um acordo com o Poder Judiciário assegurou que a prisão, administrada pela Febem em São Carlos, só deveria ocorrer em último caso. Antes disso, seriam oferecidas penas alternativas, como a liberdade assistida, a semiliberdade e a prestação de serviços comunitários. *Um dos pontos essenciais é que a primeira coisa que fazemos é envolver a família*, contou o padre Agnaldo.

O NAI é uma porta de entrada para o jovem infrator, onde ele, em poucos dias, toma conhecimento da pena. A rapidez reduz a sensação de impunidade. A agilidade ocorre em razão da integração dos serviços. Num único espaço, estão juiz, delegado, promotor, defensor público, conselheiro tutelar e assistente social. Soma-se à rapidez da sentença uma rede de serviços para a execução de medidas educativas. Também estão no prédio do NAI representantes das secretarias da Educação, da Cultura, da Saúde e dos Esportes, além de entidades assistenciais da comunidade. Toda essa rede é algo que poderia ser comparado com um Poupatempo, em que se tiram, sem mudar de repartição, os mais diversos documentos.

Crianças e jovens são divididos em pequenos grupos. A prisão, administrada pela Febem, tem capacidade para 15 internos. *Conhecemos todos pelo nome*, afirma padre Agnaldo. Esse atendimento a grupos pequenos e personalizados facilita, por exemplo, que se tente integrar o jovem à escola regular – o que, entretanto, nem sempre é fácil, pois muitos professores têm dificuldade de lidar com esse tipo de aluno e as escolas não sabem como incluí-lo. *Aprendi que o jovem reage de acordo com a forma como é encarado. Se for visto como um malandro, ele se comportará como um malandro*, analisa Agnaldo.

Resultado: a taxa de reincidência criminal dos adolescentes caiu para 2,7%; a média paulista é de 33%. O número de roubos cometidos por jovens caiu 70%; o de homicídios despencou 86%.

dez

Como mostrou a experiência de São Carlos, a família costuma ser fundamental para ajudar crianças e adolescentes, mas também pode destruí-los. Por vezes, a violência doméstica atinge extremos, chegando ao assassinato de bebês.

Os números, coletados pelo Ministério da Saúde dão uma ideia do tamanho desse tipo de violência: de 1979 até 1996, foram 1.112 mortes de bebês no país. *Os dados oficiais são apenas um sinal, já que há um alto nível de acobertamento dentro da família*, sustenta o pediatra Bernardo Ejzenberg, do Instituto da Criança, ligado ao Hospital das Clínicas. Chefe do pronto-socorro pediátrico desse mesmo hospital, Ana Maria Escobar conta que os pais, especialmente as mães, dão desculpas frágeis. *Logo se vê que a criança foi espancada.*

Nem sempre os exames detectam a intenção de matar. O acobertamento ocorre nas mortes por causas externas como asfixia ou envenenamento – na maioria das vezes, a mulher prefere se calar, temendo represálias do marido. O assassinato de bebês se insere na violência doméstica, provocada pelos mais variados motivos, que vão de depressão, alcoolismo, drogas, até fatores econômicos como o desemprego.

O Instituto da Criança tinha percebido alguns padrões desse tipo de violência. Combina-se um pai ou uma mãe sem controle da agressividade, muitas vezes detonada pela bebida, com bebês que choram muito à noite, com cólica, dor de ouvido ou mesmo fome. *Descontam a raiva na criança, sem medir as consequências,* afirma Bernardo, que lança a suspeita de que o agravamento da crise social, com o aumento do desemprego, seja um fator por trás da evolução dos assassinatos de bebês. *O indivíduo chega em casa à noite, frustrado, tenta dormir, mas é interrompido por uma criança que, muitas vezes, não quis e, agora, além de seu sono, tira seu dinheiro. Cria-se um fator de risco.*

Um dos aspectos da violência da invisibilidade é a gravidez precoce decorrente, sobretudo, da falta de perspectiva; a jovem não está preparada para ser mãe, nem para se prevenir de doenças sexuais.

A obstetra Rosa Maria Ruocco raramente fazia partos de adolescentes com menos de 15 anos. *Agora, virou rotina ver meninas de 11 e 12 anos dando à luz,* afirma. Segundo estimativa do Ministério da Saúde, cerca de um milhão de adolescentes tornam-se mães anualmente no Brasil. Outro dado alarmante é que uma em cada três jovens de 19 anos já é mãe ou está grávida do primeiro filho. Metade desses filhos é indesejada. A gravidez cresce rapidamente na faixa mais jovem. Em 1993, foram registrados, apenas nos hospitais ligados ao Sistema Único de Saúde (SUS), 26.505 partos de adolescentes entre 10 e 14 anos; três anos depois, já eram 31.911, um crescimento de 17%. *Estamos em pânico*, diz o infectologista David Uip, supervisor da Casa da Aids, ligada à Universidade de São Paulo.

No Brasil, os registros de Aids em adolescentes por contágio sexual cresceram de 1990 a 1996 cerca de 200%, passando de 47 para 141 casos por ano. Esses números se referem apenas a adolescentes heterossexuais. As demais categorias de contágio, seja de homossexuais, seja de viciados em drogas, mantiveram-se sem maiores alterações. O aumento de doenças sexualmente transmissíveis obriga hospitais a criar departamentos para tratar especialmente adolescentes – e aí se registram casos até mesmo do sexo como instrumento de suicídio como foi o caso de S.L.

Ao transar sem camisinha, S.L. admite que perseguia o vírus da Aids – mantinha relações com diferentes parceiros, sem tomar nenhuma precaução, apesar de ter uma filha. *Eu tentava me matar das mais diferentes formas. A ideia de morrer era minha companheira*, conta, vítima de uma sensação permanente de rejeição e baixa autoestima, provocada, segundo ela, pelo seu corpo. Desde a infância, não se conforma com seu peso. Envergonhada, não tinha amigos nem namorados. Começou, então, a tomar remédios para emagrecer – as pílulas eram ingeridas compulsivamente. A compulsão se transferiu para as drogas. Usou de tudo e em larga escala: maconha, cocaína, LSD e até *crack*. Sempre misturava com álcool. Não parava de perder empregos, o que a jogou de vez na marginalidade. *Fiquei sem dinheiro. Aí, perdi mesmo qualquer ligação*, relata. Tentou ainda alguns bicos, vendia comida de porta em porta.

Para comprar mais droga, traficou, e não apenas esporadicamente. Mantinha uma rede no crime organizado, rede que a colocou em contato com quadrilhas de roubo de carros. Filha de uma família de classe média do interior de São Paulo, ela viveu com um traficante de drogas, que morreu de *overdose*. Morreu a seu lado, enquanto ela também cheirava. *A gente sabe que o coração fica a ponto de explodir*, relembra. Depois, morou com um chefe de quadrilha, morto num confronto com um grupo rival. *Fiz tudo como se nada valesse a pena. Cheirava o quanto podia. Quando meu nariz pifou, injetei.*

S.L. só começou a sair da delinquência quando foi presa por estar com um carro roubado. Por ter diploma de ensino superior e experiência em vendas, foi se recuperando aos poucos: passou por tratamentos, fez terapia de grupo no programa de dependência da Unifesp; depois, passou para sessões individuais; e perdeu peso. *Minha filha servia de âncora*, conta. Ela conseguiu se libertar das drogas mais pesadas. *Só não deixo a maconha, acho que consigo administrar*, afirma.

Se a dor da invisibilidade está por trás de uma doença social, parte da cura está em tornar-se visível – uma cura que, em certos casos, pode ser encontrada na leitura de poesias de amor.

A artista plástica chilena Juana Balcazar dispôs-se a ensinar espanhol na Casa do Adolescente, onde se sentiu tentada a fazer um teste de educação afetiva. As aulas seriam orientadas pela leitura e pela escrita de poemas e cartas de amor. Imaginou que pudesse motivar especialmente as meninas – muitas das quais ameaçadas pelo risco de gravidez precoce e de doenças sexualmente transmissíveis –, fazendo uma trama entre a língua espanhola e as dores e alegrias do afeto. *Achei que fosse um jeito de me aproximar delas.* Socorreu-se, então, de Neruda. *Vinte poemas de amor e uma canção desesperada* foi uma das obras usadas por Juana. Uma aula inteira foi centrada em um verso do poema de número 20: *Posso escrever os versos mais tristes esta noite.* A escolha de Neruda também envolvia uma questão pessoal.

No Chile, de onde saiu depois do golpe militar, Juana tinha contato com o poeta; ambos militavam no Partido Comunista. Chegou a ser convidada para ilustrar uma de suas poesias. *Para mim, como para muitos dos chilenos, Neruda era a nossa voz.* Depois do golpe militar, Juana veio morar em São Paulo, onde decidiu viver para sempre. *O exílio faz com que as noites sejam mais tristes.*

Com base nas palavras que iam aprendendo durante a leitura das poesias, as meninas escreviam cartas a seus namorados ou amores platônicos. Com sua didática do afeto, Juana acabou involuntariamente se aproximando ainda mais de Neruda. Há um filme intitulado *O carteiro e o poeta*, em que o escritor, vivendo exilado, ensina um humilde carteiro a expressar, no papel, sua paixão pela mulher amada e aparentemente inatingível.

O método de Juana pode não estar ajudando a produzir nem poetisas nem bilíngues, mas está funcionando para elevar a autoestima das jovens. A Casa do Adolescente resolveu também oferecer aulas de inglês, tomando como ponto de partida cartas e poesias de amor. A descoberta das palavras acaba se misturando com a descoberta das emoções. Com base nisso, todos conversam sobre seus problemas.

A precariedade das instalações da Casa do Adolescente não reflete a grandiosidade dos resultados a que tem chegado. Afinal, apenas 5% das jovens que frequentam a casa ficam grávidas antes de completar 20 anos. É um expressivo contraste com a média nacional, que atinge os 26%. Tradução dos 26%: todos os anos, um milhão de brasileiras muito jovens, a imensa maioria delas pobre, tornam-se mães ainda mais vulneráveis, incapazes de continuar os estudos e educar os filhos.

Se a média nacional de partos precoces fosse de 5%, teríamos o seguinte: aproximadamente menos 950 mil brasileiras entre 10 e 20 anos de idade seriam mães anualmente. Além disso, menos 220 mil adolescentes não teriam, a cada período letivo, de deixar a escola para cuidar dos filhos. Pesquisas divulgadas pela Unesco informam que, além de ser a terceira causa de morte de adolescentes, a gravidez precoce é a maior causa de evasão escolar entre as meninas. Menos 26 mil crianças, entre 10 e 14 anos, seriam mães todos os anos.

A história da Casa do Adolescente teve início em 1996, quando professores da Universidade de São Paulo transformaram a moradia de um zelador de uma unidade básica de saúde num centro de referência da saúde para jovens. Para dar um atendimento integral, contrataram uma equipe multidisciplinar, com profissionais de fonoaudiologia, clínica geral, ginecologia, nutrição e urologia. Na casa, os jovens têm acesso não só a consultas médicas, mas também à distribuição de pílulas anticoncepcionais, camisinhas, DIUs e das chamadas pílulas do dia seguinte. *O problema da gravidez precoce não é de informação. Os jovens sabem como a gravidez ocorre*, afirma a professora de ginecologia da Universidade de São Paulo, Albertina Duarte Takiuti, responsável pelo programa de jovens da Secretaria de Saúde do Estado de São Paulo e principal idealizadora do centro de referência. Albertina já se viu obrigada a fazer partos em crianças de dez anos de idade.

Ela ficava intrigada com o fato de que muitas jovens frequentavam o centro de referência, mas engravidavam, apesar de todos os recursos disponíveis gratuitamente. Uma pesquisa apontou as pistas: as meninas recusavam-se a usar camisinha com medo de serem rejeitadas. *Ampliamos nosso foco*, contou Albertina. A Casa do Adolescente começou a trabalhar com a autoestima da adolescente. Psicólogos e fisioterapeutas agregaram-se ao projeto. Numa das salas, montou-se um consultório odontológico. Testaram-se vários recursos para que a jovem se valorizasse: aulas de dança do ventre, para lidar com a sensualidade, por exemplo. A experiência demonstrou que tão ou mais importante do que oferecer pílulas anticoncepcionais ou camisinhas é criar condições para que o jovem tenha um projeto de vida, consequência do autorrespeito.

Uma simples foto tirada com uma lata produz poeticamente a identidade. Davi Ribeiro Paiva se fez visível pela fotografia. Tornou-se visível por causa de uma foto. Ele queria estudar, mas não conseguia. Os supletivos só aceitam alunos com idade superior a 14 anos. Como era analfabeto, não conseguia se matricular numa escola pública. Para que tivesse uma ocupação (e não ficasse zanzando pelas ruas sem fazer nada), um educador ensinou-lhe a técnica do *pinhole*. Levou-o a passear pela cidade para escolher as imagens.

Munido da lata, o menino escolheu tirar, do alto de um prédio, a foto de uma praça. Ao ver o resultado no papel, a primeira imagem que lhe veio à cabeça não foi a da praça, mas a de seu pai. *Gosto muito dele, ele é sangue do meu sangue*. Seu pai é fotógrafo de rua em Maceió. Pensou logo em mandar a foto, acompanhada de um bilhete escrito à mão, em que falasse sobre como funciona a máquina de lata. *É para ele ver que eu aprendi a escrever.* Não tem ideia do novo endereço do pai nem sabe escrever. Nada o impressionou tanto em sua estada na cidade como os vitrais do Mercado Municipal, atravessados pelos raios de sol. Essa foi a imagem que ele se propôs a captar e a enviar a seu pai para falar do seu encantamento por São Paulo – encantava-se, na verdade, consigo mesmo revelando o prazer de aprender.

O recurso de visibilidade do coreógrafo Ivaldo Bertazzo foi a dança. Ele que, durante muito tempo, moldou os movimentos de homens e mulheres da elite, alunos de sua escola em São Paulo, caminhou até crianças e adolescentes que vivem na favela da Maré, no Rio, um dos pontos mais violentos do país, foco da guerra do tráfico de drogas.

Profissional de sucesso desde o início da década de 1970, Ivaldo começou a trabalhar com crianças e adolescentes na favela da Maré, mesclando os salões assépticos com as vielas de barro. Experimentou a previsível sensação de perplexidade diante da banalização da vida e o prazer de ensinar seres, segundo ele, mais abertos ao conhecimento. *Para um aluno com poder aquisitivo, a dança é mais uma possibilidade na vida. Mas, para aquelas crianças da favela, era a única possibilidade. Achei que o ritmo da dança indiana se encaixaria perfeitamente para eles.* O que se vê nos palcos é um espetáculo reconhecido pelos críticos com base em critérios técnicos, e não de piedade social. Daquele embate entre a perplexidade social e o encantamento estético, Ivaldo aprendeu que a arte presta-se como ferramenta para elevar a autoestima. *Conhecer os novos limites do corpo é conhecer os novos limites da vida.* Pesquisando ritmos pelo mundo, Ivaldo viu na sutileza da música indiana um dos elementos para fazer os jovens, endurecidos pela violência, descobrirem o próprio corpo. Surgiu, então, um problema: os dançarinos, soltos em seus movimentos físicos, começaram a perceber outras limitações. Quando a experiência chegou a São Paulo, incorporaram-se novas misturas. *Aprendi que precisávamos mais do movimento corporal, para que eles pudessem se expressar.* O que se pretendia era fazer do corpo uma sala de aula, reinventando a dança e, ao mesmo tempo, agregando-lhe mais linguagens.

Às aulas de dança acoplaram-se programas de língua portuguesa, para que os alunos tivessem a habilidade de falar com clareza de suas reflexões e emoções. Acrescentaram-se também lições de matemática, extraídas dos compassos. A equipe cercou-se de psicólogos e assistentes sociais, para lidar com as dores e frustrações que apareciam em meio a todas as descobertas.

Rap na favela, escolas abertas no final de semana, samba no currículo escolar, ritmos da Índia flexibilizando o corpo de adolescentes, Vivaldi para jovens de periferia são fragmentos de algo maior: se os anos 1990 foram a década da barbárie, também foram a década da disseminação do conceito, em todo o país, da responsabilidade social, com a propagação de ONGs, fundações, associações de bairro e ações empresariais, além do estímulo ao voluntariado. Pela sua base econômica, cultural e acadêmica, São Paulo se converteu no epicentro do chamado Terceiro Setor. As universidades montaram cursos para criar uma nova geração de profissionais voltados aos assuntos comunitários. Tudo isso significa mais pressão pela eficiência de políticas públicas e a construção de redes envolvendo governo e sociedade. Redefine-se até mesmo o que é público, indo muito além do que é governamental e, mais importante, fortalece-se um ideal de coletividade.

Dessas redes, nasceram os mais diferentes recursos de inclusão, seja melhorando as escolas em parceria com a comunidade, seja usando mecanismos informais de educação pela dança, pela tecnologia, pela música, pelas artes plásticas, pelos esportes, seja treinando professores, diretores e aperfeiçoando os currículos. Estabeleceram-se programas apoiados pelos meios de comunicação, ajudando a polícia com linhas telefônicas diretas para denunciar crimes. Empresários e grupos universitários articularam um fórum metropolitano para discutir e implementar medidas de segurança pública. O aumento da matrícula escolar, a criação de centros de convivência e de educação na periferia e, principalmente, a disseminação de bolsas de complementação de renda para as famílias mais pobres deram injeções de capital social em áreas desoladas.

Beneficiam-se mais as comunidades com melhor organização – organizadas, aliás, desde os tempos do regime militar com base em demandas locais – capazes de integrar os recursos disponíveis. Foi essa rede, por exemplo, que, por meio de um acordo, levou o Jardim Ângela a fechar os bares mais cedo, contribuindo para a redução dos homicídios. Ou que, desde o início, ajudou a fazer funcionar melhor o policiamento comunitário: os moradores arriscaram-se e denunciaram os matadores. Isso, em poucas palavras, chama-se capital social.

As parcerias entre governo e comunidade são responsáveis pela recuperação de espaços públicos e culturais – isso é o que explica, em boa parte, por que a Cracolândia ganhou vida, diluindo os estampidos de tiros em acordes de música. Junto com a feiura estética dos imóveis destruídos e das crianças maltrapilhas, drogadas, vieram diferentes expressões de arte.

A antiga sede do Deops, onde se prendiam e torturavam presos políticos, foi reformada para virar um museu. Em 2004, ganhou um presente: a maior coleção privada de quadros do modernismo brasileiro. Vítima de um tumor no cérebro, o médico e empresário José Nemirovsky, sabendo que o tratamento a que se submetia não faria efeito e já se preparando para morrer, tratou de enfrentar um de seus medos: o de que a sua coleção de arte moderna brasileira – o maior acervo privado do gênero – acabasse dispersa em leilões e, com o tempo, desaparecesse como ele estava desaparecendo. Decidiu, então, entregá-la para a comunidade. Filho de imigrantes russos, José fez dinheiro não com a medicina, mas fabricando papel. Sua paixão, porém, era a pintura. Vivia no meio de artistas plásticos, colecionadores, *marchands* e críticos de arte. Nas horas vagas, fazia experimentos nas telas.

Sua casa, no Jardim Europa, transformou-se em uma espécie de museu. Ali, entre as mais de 200 obras, foi assinado um documento em que o acervo é transferido para um museu público. Ninguém se arrisca a calcular o valor de todas aquelas obras. Enfim, foi escolhida a Estação Pinacoteca, até pouco tempo sede do Deops, para abrigar Portinari, Di Cavalcanti, Cícero Dias, Tarsila do Amaral e Anita Malfatti, entre muitos outros.

Para fazer lembrar a resistência política, Fernando Piola teve o privilégio de montar seu ateliê num cubículo de 9 m^2, na rua General Osório, 23, exatamente em frente ao espaço em que pretendia erguer um monumento. Para aquele cubículo encravado na Cracolândia, antes, prostitutas levavam seus clientes. O que se via agora era uma profusão de plantas vermelhas, que serviam de inspiração para fazer o monumento.

Estudante de artes plásticas da USP, Fernando foi um dos vencedores de um concurso cujo prêmio seria usar gratuitamente um imóvel de três andares reformado na região da Luz, batizado de Ateliê Amarelo. Localiza-se bem em frente ao prédio ocupado antigamente pelo Deops – atualmente Estação Pinacoteca. A condição era que os trabalhos se inspirassem no bairro e fossem públicos. *Minha fonte de inspiração estava literalmente na cara.*

Na frente do ex-Deops, existe uma pracinha descuidada, sem nenhum atrativo. *Mas não queria fazer um monumento na praça. Queria que toda a praça se transformasse num monumento.* Fez uma pesquisa e viu que a cor vermelha esteve presente em muitos dos movimentos transgressores e libertários. Daí, saiu investigando plantas e árvores com flores vermelhas, capazes de resistir ao jogo bruto da cidade de São Paulo. Em seu projeto, o prédio do Deops e a praça comporiam uma paisagem integrada; as cores vermelhas ficariam ali em lembrança dos sonhos libertários de resistentes políticos.

Fernando trabalhava ao som dos mais variados tipos de música – alguns deles bem desafinados. Um prédio ao lado do Ateliê Amarelo se convertera na escola de música Tom Jobim, onde o ex-estudante dos colégios Rio Branco e Equipe, Mauro Wrona fez da ópera um instrumento de fazer pessoas visíveis – e de ele próprio se tornar visível.

Mauro teve uma traumática vivência educacional. Incapaz de suportar a escola, sempre que podia, ficava no pátio cantando – isso quando não cabulava as aulas. Conseguiu o diploma do ensino médio em 1994, quando tinha 40 anos. Em 2005, na fronteira dos 50 anos, ele se submeteu a um teste, um teste público – dessa vez como educador. O teste é um experimento batizado de *Ópera Estúdio*, do qual Mauro é coordenador. É um arranjo que envolve estudantes de canto lírico do Centro Musical Tom Jobim, de cenografia, orientados pelo artista plástico Guto Lacaz, e de figurino do curso de moda da Faculdade Santa Marcelina. *Não temos, no país, formação de pessoas para trabalhar em ópera*, conta.

Com o estigma de *vagal* irremediável, Mauro deixou o Brasil e foi estudar o que gostava: canto lírico. Tornou-se um tenor aplicado e trabalhou em diversos grupos de ópera da Europa. Aprendeu inglês, francês, alemão, espanhol, catalão e italiano. Candidatou-se a um disputadíssimo curso de canto nos Estados Unidos. Pediram-lhe seu histórico escolar. *Não tinha nada para mostrar.* Ofereceu, em troca, o livro de recortes da imprensa sobre seu desempenho nos espetáculos. Foi aceito.

Voltou ao Brasil e percebeu como falta mão de obra qualificada – de cantores a figurinistas – para apresentações de ópera. Foi contratado pelo Centro Musical Tom Jobim e criou um núcleo para profissionalizar jovens em ópera. Em 1995 começaram os ensaios que levariam, dez anos depois, à apresentação no Teatro São Pedro da peça *Cosi fan tutte* (Assim fazem todas), de Mozart, sobre a infidelidade feminina. *Não é uma peça simples.* Muito menos simples para cantores que nunca atuaram numa ópera; alguns deles nunca nem mesmo subiram num palco profissionalmente. Meteram-se em ensaios de até sete horas todos os dias da semana. *O entusiasmo é tamanho, que não se cansam de repetir sem parar.*

Nos arredores da Tom Jobim, quem impera mesmo, com seus sons, é a antiga Estação da Luz que, em 1999, iniciou seu funcionamento como sala de concertos de música erudita e abrigava a Orquestra Sinfônica do Estado de São Paulo (Osesp). Na inauguração, tocaram a *Sinfonia nº 2*, de Gustav Mahler, conhecida popularmente como a *sinfonia da Ressurreição*. Parecia que tinham jogado pérolas na lama. Quem iria ter a coragem de ir até lá para assistir ao concerto, enfrentando os criminosos no caminho? Mas as pessoas estavam vindo, entre outras coisas, por causa do revigoramento da Pinacoteca do Estado, que passara por uma reforma.

Viria ainda mais gente para a Estação da Luz, que se preparava para abrigar um espaço destinado ao culto da língua portuguesa. As obras trouxeram de volta uma lembrança de Maria Bonomi, convidada a voltar à Estação da Luz para fazer um painel que contasse um pouco da história e da emoção daquele lugar. O painel de 73 metros de comprimento mescla referências ao café com referências aos povos árabe, judeu, italiano, espanhol e nordestino, que chegaram, como ela, por aquela porta – e estavam carregados de desconfiança mesclada à esperança.

Quando menina, Maria perguntou à mãe por quanto tempo ficaria fora da Itália, onde a família enfrentava problemas políticos. Nunca mais se esqueceria do choque da resposta curta e direta. *Para sempre*, disse a mãe, enquanto, entristecida, arrumava as roupas. Chegar a São Paulo, em 1946, significou para aquela menina de 11 anos fugida da Europa, através da Suíça com uma parada no Rio, a certeza de que o caminho não tinha volta. *Eu sabia que era para sempre*. Ela consegue rememorar detalhes de sua chegada, quando, atenta ao movimento da estação, quase todas as pessoas usavam chapéu.

Lembra-se também de que, ao pegar o carro, o avô Giuseppe Martinelli, que vivia havia muito tempo no Brasil, ordenou ao motorista: *Não passe perto do edifício Martinelli*. Não queria se aborrecer. Ele erguera o primeiro arranha-céu de São Paulo; era tão grande que muita gente achava que desabaria. Para desfazer as dúvidas, decidiu morar no último andar de sua construção. O edifício sobreviveu, mas ele desabou: perdeu dinheiro e, com as dívidas, deixou apenas o sobrenome em sua maior obra.

Pelas portas da Estação da Luz, a cidade de São Paulo entrou na vida de Maria Bonomi como na dos milhões de imigrantes, todos, a exemplo de seu avô, querendo construir alguma coisa e decididos a viver para sempre na cidade. *Aquele espaço sempre me transmitiu a sensação do medo e da descoberta*, conta ela, que iria transformar-se, a partir da década de 1950, em uma das referências brasileiras nas artes plásticas.

A volta ao tempo, exatamente naquele local, envolveu Auro Lescher que, quando menino, morava no Bom Retiro, brincava sempre no parque da Luz, sonhava em construir aviões e ainda não desconfiava de que sofria de distúrbios mentais. Acabou se tornando psiquiatra especializado em dependência química. *Ando pelas ruas e as lembranças vão aparecendo.*

Talvez por ter sofrido desde a infância de transtorno obsessivo-compulsivo – *fiz terapia dos 11 aos 31 anos de idade* – e ter constatado que nada tinha a ver com aviões, Auro entrou na Escola Paulista de Medicina (Universidade Federal de São Paulo). *Logo de início, fiquei muito interessado na questão das drogas.*

Estudou em centros de referência em dependência química nos Estados Unidos e na França. Em 1995, ele participou da criação do Projeto Quixote, apoiado pela Universidade Federal de São Paulo. *Estávamos no pico da epidemia do* crack. Para tentar afastar crianças e adolescentes da droga, em vez de sermões e repressão, ofereciam-se programas de arte e comunicação.

Em agosto de 2005, ele voltou à região em que foi criado, atraído por dois galpões, na rua Mauá, na Cracolândia, que serviam de "mocó" para drogados. *Pensei que estivesse acostumado com a degradação, mas o que vi ali ultrapassou qualquer limite de indignidade.* Misturavam-se bebês, crianças, adolescentes e adultos, rodeados de fezes, restos de comida e cachimbos de *crack*.

Com uma equipe de médicos, psiquiatras, psicólogo assistentes sociais e arte-educadores, o Quixote tentava transformar aqueles galpões num espaço de aprendizado contra a droga. Usam-se os mais diversos recursos. Uma das viciadas que morava no galpão, conhecida por Marinalva, grávida de quatro meses, está fazendo um filme sobre sua vida. *É um jeito para que ela se conheça e se valorize.*

Auro queria aproveitar o plano para revitalização da Estação da Luz – onde se pretende criar um polo digital, com estímulos para a indústria da comunicação. Seu plano é instalar, nos galpões, um telecentro em que se tire proveito das novas tecnologias para seduzir e abrir canais de expressão aos dependentes de drogas.

Além da Cracolândia, descobrindo seu caminho das pedras, o segundo espaço simbólico da invisibilidade paulistana modificara sua paisagem, graças à pressão e ao envolvimento da sociedade. O Carandiru foi implodido para virar um parque – o parque da Juventude – e sede de projetos educacionais. Isso permitiu uma pequena mas significativa história de mais um desses personagens anônimos.

Migrante de Tutoia, uma cidade do interior do Maranhão, Sérgio morava havia apenas dois meses em São Paulo e trabalhava na reforma de um pavilhão do Carandiru que seria conservado. Virou então uma espécie de cobaia de uma experiência intitulada "Mestres de Obra", na qual operários eram convidados, fora do horário de serviço, a fazer arte com restos da construção. Guiados por um arte-educador, os operários conheceram as celas e discutiram em grupo as impressões que retiveram daquela incursão. Depois, foram apresentados a diferentes formas de expressão com material reciclado.

Não entendia direito por que aqueles desenhos do nascer do sol tinham chamado tanto a minha atenção, comenta Sérgio. Nas discussões em grupo, ia sentindo, aos poucos, a relação entre a luz, representada pela alvorada, e a liberdade. Os presos, afinal, têm um horário rígido para tomar sol e, depois, voltam para a cela, trancados entre a alvorada e o crepúsculo. *Os corpos estão presos, mas a mente deles está solta, livre, imaginando o que bem entender.* Concluiu que era isso. Escolhido o assunto – a relação entre a luz e a liberdade –, Sérgio começou a garimpar o material descartado da obra. Escolheu uma espessa tela que entremeava as grades de uma cela. Cortou-a em pedaços e transformou-a numa espécie de caixa, na qual instalou uma lâmpada. Viu à sua frente surgir uma luminária. Apesar de presa, cercada pela tela, a luz consegue escapar, como a mente do habitante da cela que desenhou o nascer do sol. Talvez Sérgio estivesse retratando não só as dores de um preso, mas, quem sabe, a vivência do migrante recém-chegado do Maranhão, sem amigos nem família, obrigado a morar numa cidade-dormitório nas redondezas de São Paulo.

Ao visitar as celas da prisão, o operário Sérgio da Costa Almeida ficou especialmente intrigado com as imagens do nascer do sol desenhadas nas paredes sujas. Daquelas imagens tirou inspiração para sua primeira e até agora única obra de arte. *Não sabia que podia criar uma peça de arte. É a minha grande descoberta nesta cidade.*

Espaços sintéticos da barbárie, Cracolândia e Carandiru modificavam-se, mas, nem por isso, ninguém poderia se iludir. Os índices de homicídio haviam tido uma baixa histórica, mas ainda estavam altíssimos. A percepção de insegurança pouco se alterara porque os crimes violentos – roubos, latrocínios e sequestros – continuavam a ocorrer ou até mesmo cresciam em proporção.

Essas modificações no cenário de São Paulo indicavam um duelo – exatamente como testemunhei em Nova York – entre a riqueza humana e a degradação urbana numa luta pela sobrevivência. Nesse duelo, fez-se uma conexão com toda uma história de resistências em São Paulo, muitas delas originadas na Faculdade de Direito do Largo São Francisco, de onde se lançaram mobilizações contra o Império, contra a escravidão e contra as ditaduras de Getúlio Vargas e do regime militar.

O Largo São Francisco, em outros tempos, foco de mobilização política, agora abrigava uma campanha pelo desarmamento que levaria à criação do Instituto Sou do Paz, cuja sede se mudou para a Vila Madalena – o bairro que, na sua diversidade, melhor reflete um projeto de cidade acolhedora, na busca de que as pessoas se sintam visíveis numa metrópole caótica.

Essa sensação de visibilidade é o que está guardado nas bolas de gude intactas da fachada do bar sem nome. Como foram colocadas pelas crianças e pelos jovens que se apoderaram do espaço, elas fazem parte de um território conquistado, em que não se percebem nem anônimas nem, muito menos, invisíveis. A dona do bar, que nunca se preocupou em colocar a placa em seu estabelecimento, cuida da fachada como se fosse uma espécie de troféu.

Desde 2000, muitas coisas mudaram na rua Belmiro Braga. Antes coberto de mato, o terreno em frente ao bar transformou-se numa praça, ocupada de manhã e à tarde por crianças. Nasceram ipês, jasmins e primaveras. O beco que sai dali ficou colorido porque os grafiteiros fizeram dele um misto de ateliê e galeria de arte. Alguns galpões que ladeiam o beco abrigam programas de arte, cultura e comunicação. Na casa em que funcionava o prostíbulo surgiu uma danceteria de ritmos caribenhos; no lugar da fábrica têxtil clandestina, um café que trouxe o cheiro de pão para a rua. Não se consegue caminhar pelo bairro sem encontrar murais coloridos; as ruas que levam à Vila exibem, por menor que seja, uma espécie de "bandeira" que sinaliza a reconquista de território, fincada num mural ou num posto colorido.

Das bolas de gude, caminhando 260 passos à esquerda, chegamos à lembrança dos tempos ingênuos do assalto cometido por um senhor de 92 anos, personagem de uma cidade que achava esse tipo perigoso. Indo, agora, à direita das bolinhas, andando 80 passos, alcança-se um cemitério – um lugar que, a rigor, só deveria lembrar a morte, com seus túmulos do lado de dentro e as paredes sujas e rabiscadas do lado de fora.

Formada em artes plásticas pela Faap, Fernanda Saguas conseguiu uma ligação estética, naquele cemitério, entre a Casa Cor, onde se exibe o que há de mais sofisticado em decoração, e adolescentes presos na Febem, transformados, eles próprios, em peças de arte.

Em 1999, Fernanda realizou um trabalho com alguns internos da Febem, cujo tema era "biografia". Não apenas cada um teria de discutir sua própria vida, mas também encaixá-la numa linha do tempo. *Estávamos influenciados pela virada do milênio, e isso estimulava a montagem de linhas do tempo.* Em meio às reflexões, eles fizeram máscaras de cerâmica moldadas nos próprios rostos. *Queríamos que eles saíssem da invisibilidade. Afinal, o rosto deles não poderia aparecer nos jornais, exceto com tarjas,* conta Fernanda.

O que a impressionou particularmente foi a animação dos adolescentes fazendo as máscaras em seus colegas, cobertos de massa. Viu ali o prazer do toque.

Trabalho terminado, foi feito um muro, em 2000, na Casa Cor, com todos aqueles rostos anônimos enfileirados, como se testemunhassem, silenciosamente, o desfile das grifes e das celebridades. Acabada a exposição, a obra foi devolvida e ficou guardada num porão, tão anônima quanto seus inspiradores. Parecia mesmo um destino previsível. Mas as máscaras acabaram, em novembro de 2005, transformadas em obras nos muros externos do cemitério, desta vez para comemorar a vida.

Um grupo de pichadores, desses que destroem para se fazerem vistos, era responsável pela experiência de tornar o cemitério um ateliê a céu aberto. Naqueles muros, eles criaram painéis em cerâmica com letras estilizadas – desta vez preocupados com a beleza. Sabiam que pelo menos ali seriam lembrados para sempre. E, mais do que tudo, escreviam na sua arte sobre o que toda uma cidade poderia se transformar se não fosse um aglomerado de anônimos, acuados – e invisíveis.

Especificações técnicas

Fonte: Minion 12 p
Entrelinha: 16 p
Papel (miolo): Offset 90 g
Papel (capa): Supremo 250 g
Impressão e acabamento: Paym